DEEPAK CHOPRA

MIT KINDERN GLÜCKLICH LEBEN

DIE SIEBEN GEISTIGEN GESETZE FÜR ELTERN

Aus dem Englischen von
Peter A. Schmidt

Deutscher Taschenbuch Verlag

Von Deepak Chopra
sind im Deutschen Taschenbuch Verlag erschienen:
Lerne lieben, lebe glücklich (36170)
Das gesunde Herz (36217)
Wege aus der Sucht (36229)
Die göttliche Kraft (36272)

Ungekürzte Ausgabe
März 2002
3. Auflage Januar 2003
Deutscher Taschenbuch Verlag GmbH & Co. KG,
München
www.dtv.de
Titel der amerikanischen Originalausgabe:
›The Seven Spiritual Laws for Parents. Guiding Your Children
to Success and Fulfillment‹
Erschienen bei Harmony Books, Division of
Crown Publishers, Inc., New York

Umschlagkonzept: Balk & Brumshagen
Umschlaggestaltung: ARTPOOL, München, unter Verwendung
einer Fotografie von Hans Erhardt, München
Satz: Kremerdruck GmbH, Lindlar
Gesetzt aus der ITC Giovanni Book
Druck und Bindung: Druckerei C. H. Beck, Nördlingen
Gedruckt auf säurefreiem, chlorfrei gebleichtem Papier
Printed in Germany · ISBN 3-423-36267-7

Für meine Frau Rita,
meine Kinder Mallika und Gautama
und meine Eltern Krishan und Pushpa,
die mich gelehrt haben,
was es wirklich heißt, Eltern zu sein.

INHALT

DIE UNSICHTBARE INTELLIGENZ

Als vor einigen Jahren mein Buch »Die sieben geistigen Gesetze des Erfolgs« erschien, geschah etwas Wunderbares: Tausende von Menschen, die es gelesen hatten, begannen sofort damit, in ihrem täglichen Leben die Grundregeln zu verwirklichen, nach denen die Natur alles in unserem materiellen Dasein erschafft.

Im Laufe der Zeit erreichten mich immer wieder Anfragen von Lesern, die auch Eltern waren. Sie drückten es zwar unterschiedlich aus, aber eigentlich ging es immer um das gleiche Thema: Wie kann man Kindern die sieben geistigen Gesetze nahebringen? Eine Mutter schrieb mir zum Beispiel: »Ich profitiere so sehr davon, nach diesen geistigen Regeln zu leben, daß ich wünschte, ich hätte sie schon viel früher kennengelernt. Heute weiß ich, wie wertvoll solche Prinzipien sind – zu geben, sich nicht zu sperren und darauf zu vertrauen, daß der Kosmos meine Wünsche erfüllt –, aber das war nicht immer so. Es hat mich viel Anstrengung gekostet, die zerstörerischen Gewohnheiten loszuwerden, mit denen ich großgeworden bin. Ich möchte vermeiden, daß meine Kinder diese schädlichen Denk- und Verhaltensmuster lernen und sie später unter den gleichen Schmerzen wieder ablegen müssen. Was kann ich tun, um das zu verhindern?«

Als Antwort auf diese Frage habe ich dieses Buch geschrieben, in dem ich die sieben geistigen Gesetze speziell für Eltern erläutere. Ich möchte zeigen, wie man seinen Kindern diese spirituellen Regeln so vermittelt, daß sie sie verstehen und anwenden können. Mein Ansatz beruht auf der Überzeugung, daß alle Eltern ein Rüstzeug brauchen, um ihre Kinder mit einem echten Verständnis dafür, wie Natur und Bewußtsein »funktionieren«, heranwachsen zu lassen.

Jeder Mensch auf dieser Welt möchte irgend etwas haben, jeder hat Wünsche und Sehnsüchte. Kinder sollten von Anfang an wissen, daß das Habenwollen der ausgeprägteste Trieb in der menschlichen Natur ist. Er liefert dem Geist die Energie. Wenn wir erwachsen sind und Antworten auf tiefgreifende Fragen suchen oder große Herausforderungen in unserem Leben bewältigen müssen, ist in uns der gleiche natürliche Trieb am Werk, der uns früher zu neugierigen Kindern gemacht hat – weiter nichts. Der Suchende ist ein Kind, das sich nicht mehr nach der Liebe der Eltern sehnt, sondern nach der Liebe Gottes, das kein Spielzeug mehr braucht, sondern unerschöpfliche Kreativität.

In diesem Buch möchte ich Eltern zeigen, wie ihre Kinder ihre Wunschvorstellungen erfolgreich umsetzen und das erreichen können, was sie sich vom Leben erhoffen. Ich werde mich ganz besonders bemühen, die geistigen Konzepte so zu erklären, daß sie auch von Kindern verstanden werden können. Doch in diesem Buch geht es nicht nur um Kinder: Was Kinder wissen müssen, ist nur eine leicht abgewandelte Form der Regeln, die auch Erwachsene kennen sollten.

Aus lauter Hochachtung vor dem materiellen Erfolg hat unsere Gesellschaft eine grundlegende Wahrheit vergessen: Erfolg hängt davon ab, wer man ist, und nicht davon, was man tut. Das Sein oder das Wesen oder der Geist – man mag es nennen, wie man will – ist der Anfang von allem, was wir in unserem Leben erreichen. Da es aber sehr abstrakt ist, sehen die Menschen darin mehr eine bloße Vorstellung als etwas Wirkliches und Nützliches. Wenn wir jedoch die ältesten Quellen menschlicher Weisheit zu Rate ziehen, finden wir bestimmte feststehende, erkennbare und verläßliche Grundregeln, nach denen der Geist aus seinem ewigen Sein ins Alltagsleben hineinwirkt.

Es mag für manchen schwer verständlich sein, daß solche geistigen Gesetze trotz ihrer Bedeutung für das tägliche Leben jahrhundertelang verborgen geblieben sind. Aber mit der Elektrizität war es ähnlich: Sie gelangte erst mit der Erfindung der Glühbirne ins allgemeine Bewußtsein, obwohl der ganze Kosmos seit Anbeginn der Schöpfung von elektrischer Energie durchflutet ist. Auch das, was wir das Sein, das Wesen oder den Geist nennen können, ist unsichtbar – und doch hat es einen ungeheuer starken Einfluß auf unser tägliches Leben.

Die unsichtbare Intelligenz hinter dem sichtbaren Kosmos entfaltet ihre Wirkung nach sieben geistigen Gesetzen. Auch hier möchte ich wieder eine Parallele ziehen: Wären die Gesetze der Elektrizität nicht entdeckt worden, hätten wir die Elektrizität auch niemals nutzen können.

In unserer Zeit der Gewalt und der Verwirrung ist es notwendiger denn je, daß Eltern ihren Kindern als spirituelle Lehrer zur Seite stehen. Die Gesetzmäßigkeiten im Wirken der Natur sind keine Privatsache. Sie betreffen alles und jeden. Das Verständnis dieser Grundregeln ist deshalb nicht bloß eine Möglichkeit, ein paar Leuten zu helfen. Es ist lebenswichtig für unsere Gesellschaft und sogar für unsere Zivilisation. Wenn eine »kritische Masse« unserer Kinder dazu erzogen wird, nach den sieben geistigen Gesetzen zu leben, wird sich unsere gesamte Gesellschaft verwandeln.

Liebe und Mitgefühl, Emotionen, die heute so oft ins Triviale gezogen werden, könnten zur natürlichen Lebensäußerung jedes Menschen werden. Wir sind es der Welt schuldig, so glaube ich, dafür zu sorgen, daß so viele Kinder wie nur möglich in Kenntnis der spirituellen Realität aufwachsen.

Der Geist war nie leicht faßbar. In einer alten indischen Schrift heißt es: »Das Messer kann Ihn nicht schneiden, das Wasser kann Ihn nicht benetzen, der Wind kann Ihn nicht fortblasen, die Sonne kann Ihn nicht zum Verdunsten bringen.« Jedes Molekül des Kosmos ist von Sein durchdrungen, jeder unserer Gedanken, jede kleinste Informationseinheit, die uns über unseren Sinnesapparat erreicht, ist nichts anderes als Sein. Aber das Sein kann auch leicht übersehen werden, denn es ist vollkommen still – wie ein Ballettmeister, der niemals mittanzt. Wir alle sind im Sein geborgen. Es spendet uns Atem und Leben – und doch haben wir von unseren Eltern nur wenig darüber erfahren.

Unser mangelndes Wissen über das Spirituelle ist verzeihlich, und wir können selbst die sieben geistigen Gesetze erlernen – mit der gleichen Begeisterung, wie wir sie unseren Kindern vermitteln. Dies war, mehr als alles andere, mein Leitgedanke bei diesem Buch.

ERSTER TEIL

WURZELN UND FLÜGEL –

WIE SIE IHREN KINDERN POSITIVE LEBENSENERGIE SCHENKEN

Was, letzten Endes, ist Gott?
Ein ewiges Kind, das in einem ewigen Garten
ein ewiges Spiel spielt.
SRI AUROBINDO

WAS ES BEDEUTET, ERFOLGREICH ZU SEIN

Alle Eltern wünschen sich von Herzen, ihre Kinder erfolgreich durchs Leben gehen zu sehen. Aber wer ist sich schon dabei bewußt, daß der kürzeste Weg zum Erfolg über den Geist führt? Diese Verbindung wird in unserer Gesellschaft normalerweise nicht hergestellt – ganz im Gegenteil. Wir bringen unseren Kindern bei, wie man überlebt, wie man sich verhält, um Anerkennung zu bekommen, wie man Angriffe abwehrt, sich im Wettbewerb behauptet und wie man Enttäuschungen, Hindernisse und Rückschläge überwindet. An Gott zu glauben, halten wir zwar für gut, aber wir gehen generell davon aus, daß der Geist mit dem Erfolg im Leben nichts zu tun hat. Dieser Irrtum hat weitreichende Folgen für unser Leben – von Kindheit an.

Die meisten Menschen sind davon überzeugt, daß Erfolg im wesentlichen materiell ist, daß er sich in Form von Geld, Prestige oder Besitz messen läßt. All das kann zwar durchaus eine Rolle spielen, eine Garantie für ein erfolgreiches Leben ist es aber nicht. Der Erfolg, so wie wir ihn uns für unsere Kinder wünschen, muß sich auch an anderen – nichtmateriellen – Merkmalen festmachen lassen. Dazu gehören die Fähigkeit zu lieben und Mitgefühl zu haben, Freude empfinden und sie an andere weitergeben zu können, die Gewißheit, daß das eigene Leben einen Sinn hat, und schließlich ein Gefühl des Verbundenseins mit der schöpferischen Kraft des Universums. All das bildet zusammen die spirituelle Dimension des Erfolgs – und nur diese Dimension schenkt innere Erfüllung.

Wenn sich uns der Sinn unseres Lebens an jedem Tag in staunenswerter Schlichtheit enthüllt, sind wir erfolgreich – was in einem sehr tief greifenden Sinn bedeutet, daß jedem Baby der Erfolg angeboren ist. Die Fähigkeit von Kindern, dem Leben jeden Tag aufs neue staunend zu begegnen, ist der sicherste Beweis dafür, daß die Natur uns den Erfolg zugedacht hat. Es entspricht unserem innersten Wesen, mit Freude auf das Leben zu reagieren. Wir tragen die Saat Gottes in uns, und wenn wir uns auf die spirituelle Reise begeben, wässern wir diese göttlichen Samenkörner. Ein gutes Leben spiegelt lediglich unsere innere Einstellung wider. Mit der Zeit erblühen die Blumen Gottes in und um uns herum, und wir erleben und entdecken das Wunder des Göttlichen, wohin wir auch schauen.

Als Eltern liegt es in unserer Verantwortung, unsere Kinder sicher auf den spirituellen Weg zu geleiten. Es ist das Beste, was wir tun können, um ihnen ein erfolgreiches Leben zu ermöglichen, besser, als ihnen Geld, ein gesichertes Zuhause, ja, sogar Liebe und Zuwendung zu bieten. Ich möchte Sie bitten, einmal über diese geistige Seite der Elternschaft nachzudenken, auch wenn Sie Ihre Rolle bisher vielleicht ganz anders verstanden haben.

Für diese neue Art, Eltern zu sein, brauchen wir praktische Grundregeln, die wir an unsere Kinder weitergeben können. Ich denke dabei an die Prinzipien, die ich in meinem Buch »Die sieben geistigen Gesetze des Erfolgs« vorgestellt habe. Wer die Verbindung zum Geistigen knüpfen will, muß die spirituellen Gesetzmäßigkeiten kennen. Wenn wir unser Leben an diesen Regeln ausrichten, befinden wir uns in Harmonie mit der Natur. Jede andere Lebensweise bringt Streß und Kampf mit sich. Ein gegen Widerstände errungener Erfolg kann uns zwar erstrebenswerte Dinge verschaffen, doch die innere *Erfüllung*, die wir darin suchen, wird es nicht geben.

Die sieben geistigen Gesetze

In der Sprache der Erwachsenen lassen sich die sieben geistigen Gesetze mit folgenden Worten ausdrücken:

1 *Das Gesetz der absoluten Möglichkeit*
Die Quelle aller Schöpfung ist reines Bewußtsein … die absolute Möglichkeit, die danach strebt, vom Nichtmanifesten ins Manifeste überzugehen.

2 *Das Gesetz des Gebens*
Mit der Bereitschaft zu geben, wonach wir suchen, leiten wir den ununterbrochenen Strom des kosmischen Überflusses auch durch unser Leben.

3 *Das Gesetz des »Karma«*
Wenn wir uns für Handlungen entscheiden, die anderen Glück und Erfolg bringen, wird auch unser eigenes Karma diese Früchte tragen.

4 *Das Gesetz des geringsten Aufwands*
Die Intelligenz der Natur funktioniert mit müheloser Leichtigkeit … unbeschwert, harmonisch und liebevoll. Wenn wir uns diese Kräfte dienstbar machen, gelangen wir mit der gleichen mühelosen Leichtigkeit selbst zum Erfolg.

5 *Das Gesetz von Absicht und Wunsch*
Absichten und Wünsche tragen ihre Erfüllung bereits in sich … Die organisierende Kraft von Wünschen und Absichten im Feld der absoluten Möglichkeit ist unendlich.

6 *Das Gesetz des Loslassens*
Mit unserer Bereitschaft, in das Unbekannte hinauszuschreiten, in das Feld aller Möglichkeiten, überlassen wir uns dem schöpferischen Geist, der die Klänge für den Tanz des Universums komponiert.

7 *Das Gesetz des »Dharma«*
Wenn wir unsere einzigartigen Begabungen in den Dienst am Mitmenschen einbringen, wird uns die ekstatische Seelenfreude zuteil, die das eigentliche Ziel aller Ziele darstellt.

Man mag es »Gesetze« oder »Prinzipien« nennen, aber darauf kommt es nicht an. Gesetze sind es insofern, als sie die Entfaltung des Geistes bei seiner Bewegung aus der unsichtbaren Welt der Seele in die sichtbare Welt des Materiellen beherrschen. Und da wir sie beherzigen und anwenden können – wie beispielsweise das Prinzip, immer aufrichtig oder fair zu sein –, sind es auch Prinzipien.

Weshalb brauchen wir solche Prinzipien? Wieso reicht es nicht, seinen Kindern einfach beizubringen, Gott zu lieben und sich anständig zu benehmen?

Die Antwort lautet, daß die sieben geistigen Gesetze einen Menschen mit den Wirkungsmechanismen der Natur in Kontakt bringen. Wenn Sie Ihre Lebensführung bewußt an den spirituellen Regeln ausrichten, laden Sie den Kosmos ein, Ihnen die kosmische Fülle des Gelingens und des Überflusses zu schenken. Darin liegt der Schlüssel, mit dem wir unser eigenes Sein wahrnehmen und uns seine unendliche Kraft zunutze machen können. Je eher jemand lernt, sein Dasein möglichst mühelos, harmonisch und kreativ zu gestalten, um so wahrscheinlicher wird er sein Leben lang erfolgreich sein. Genau das müssen wir unseren Kindern vermitteln, und nichts wird uns mit mehr Freude und Stolz erfüllen, als wenn uns das gelingt.

Irgendeine Version der sieben geistigen Gesetze ist in jeder spirituellen Überlieferung enthalten. In ihrer reinsten Form tauchen sie jedoch in der altindischen vedischen Tradition auf, die diese Regeln vor über fünftausend Jahren formulierte. Die sieben geistigen Gesetze dienen einer Vision, die ich folgendermaßen beschreiben möchte:

Der Mensch besteht aus Körper, Bewußtsein und Geist. Der Geist ist das Primäre, denn er verbindet uns mit dem ewigen Feld des Bewußtseins, dem Ursprung von allem. Je enger diese Verbindung ist, desto mehr Anteil haben wir an der Fülle des Universums, das dazu geschaffen ist, unsere Wünsche und Sehnsüchte zu erfüllen. Und wenn diese Verbindung unterbrochen ist, leiden und kämpfen wir. Nach dem göttlichen Willen soll jeder Mensch unbeschränkten Erfolg genießen.

Erfolg ist etwas vollkommen Natürliches.

Damit ein Kind sie verstehen kann, müssen die sieben geistigen Gesetze in andere, weniger abstrakte Worte gekleidet werden. Zum Glück können diese Regeln auch so formuliert werden, daß selbst kleinere Kinder in der Lage sind, sie mit Kopf und Herz aufzunehmen:

Erstes Gesetz
Alles ist möglich.

Zweites Gesetz
Wenn du etwas haben möchtest, dann mach es zum Geschenk.

Drittes Gesetz
Wenn du dich für etwas entscheidest, veränderst du die Zukunft.

Viertes Gesetz
Sage nicht nein – vertraue dich dem Strom an.

Fünftes Gesetz
Jedesmal wenn du dir etwas wünschst oder etwas haben möchtest, pflanzt du ein Samenkorn.

Sechstes Gesetz
Genieße deine Lebensreise.

Siebtes Gesetz
Dein Dasein hat einen Sinn.

Als ich diese schlichten Sentenzen niederschrieb, dachte ich nicht weiter über sie nach. Aber dann ging mir auf: Wenn ich diese sieben Sätze schon als Kind gelernt hätte, wäre mein Leben vielleicht völlig anders verlaufen. Ich hätte über ein wertvolles und zugleich praktisches Wissen verfügt, das nicht – wie andere Lektionen der Kindheit – verblaßt, sondern Jahr für Jahr zu einem tieferen Verständnis des Geistigen herangereift wäre.

Ein Kind, das mit spirituellen Fähigkeiten aufwächst, kann sich die Antwort auf die Grundfragen über die Zusammenhänge des Universums selbst geben. Es erkennt die Quelle der Kreativität – innerhalb und außerhalb seiner selbst. Es wird Unvoreingenommenheit, Wohlwollen und Wahrhaftigkeit entwickeln, jene wertvollsten Fähigkeiten im Umgang mit anderen Menschen. Das ängstliche, lähmende Grübeln über den Sinn des Lebens, das insgeheim wie eine Wurzelfäule im Herzen der meisten Erwachsenen nagt, ob sie es zugeben oder nicht, wird im Leben dieses Kindes keinen Platz haben.

Die elementarste Nahrung, die Sie Ihrem Kind geben können, ist die geistige.

Es geht hier nicht darum, den Kindern verbindliche Maßregeln aufzuzwingen nach dem Motto: »Wenn du nicht artig bist, setzt es was!« Sie als Eltern sollten die sieben geistigen Gesetze nicht als starre Vorschriften darstellen, sondern als *Ihre eigene Art und Weise, das Leben zu sehen*. In der Erziehung vermitteln Sie viel mehr durch das, was Sie sind, als durch das, was Sie sagen. Diese Erkenntnis ist bereits ein Teil der spirituellen Perspektive.

Jedes Kind bringt ein spirituelles Leben mit, denn es wird in das Feld der unendlichen Schöpferkraft und der reinen Wahrnehmung hineingeboren – in den Geist. Doch nicht jedes Kind kennt diese Wahrheit. Der Geist braucht Pflege, muß genährt und ermutigt werden. Nur so kann der unschuldige Geist des Kindes genügend Stärke entwickeln, um den harten Realitäten einer oftmals geistlosen Welt zu widerstehen.

Wenn der Kontakt mit dem Geist verlorengeht, wird das unendliche Feld der Schöpferkraft nicht im geringsten beeinträchtigt – es ist über jeden Schaden erhaben. Die Lebenschancen eines Menschen jedoch werden durch die fehlende Spiritualität erheblich geschmälert. Der Geist macht uns zu Kindern des Universums; ohne ihn werden wir zu Waisen und verlieren den Halt.

Nehmen wir ein Beispiel. Das siebte Gesetz lautet: »Dein Dasein hat einen Sinn.« Der Lebenszweck eines Kindes kann in schlichten, alltäglichen Worten ausgedrückt werden:

Wieso war es heute wichtig, daß es mich gibt?
Welche besondere Fähigkeit habe ich an mir entdeckt?
Ist etwas Erfreuliches passiert – habe ich etwas geschenkt bekommen, etwas gelernt, etwas Schönes erlebt –, was mir das Gefühl gegeben hat, etwas Besonderes zu sein?
Was habe ich getan, damit sich jemand anderes als etwas ganz Besonderes vorkommt?

Dies alles sind einfache Variationen der elementaren Frage: »Wozu bin ich auf der Welt?« Jeder von uns hat sich als Kind diese Frage gestellt. Irgendwann haben wir es aufgegeben, weil wir feststellten, daß unsere Eltern und Lehrer keine befriedigende Antwort darauf wußten.

Ein Kind, das nicht gelernt hat, den Sinn des Lebens auf einfache Weise zu suchen, wird dies eines Tages unter viel schwierigeren Umständen nachholen müssen. Die meisten von uns verschieben die Sinnsuche, bis sie um die Zwanzig sind, manchmal sogar bis zur Lebensmitte – unglücklicherweise sind dies gleichzeitig die turbulentesten Stationen der persönlichen

Entwicklung. Der »Sinn des Lebens« wird dann oft vermischt mit der Rebellion und der Achterbahn der Gefühle des jungen Erwachsenen beziehungsweise mit der zunehmenden Wahrnehmung der eigenen Sterblichkeit, die sich um die Mitte des Lebens zunehmend ins Bewußtsein drängt. In der Schule schlagen wir uns mit den Ideen der großen Religionsgründer und Philosophen herum. Die Diskussion darüber, ob das Leben überhaupt einen Sinn hat, nimmt uns völlig in Beschlag. (Vermutlich erkennt sich jeder, der die sechziger Jahre im entsprechenden Alter erlebt hat, schmerzlich in all diesen Phasen des Kampfes wieder.)

Völlig anders würde ein Kind in die Zukunft blicken, dem man ab seinem dritten oder vierten Lebensjahr beigebracht hat: »Dein Leben hat einen Sinn.« Für ein solches Kind wäre die Suche nach dem Sinn des Lebens etwas völlig Normales, sozusagen die seelische Entsprechung dazu, daß man das ABC lernt. Die langen Jahre des Aufschiebens, gefolgt von verzweifeltem inneren Aufruhr blieben ihm erspart.

»Wozu bin ich da?« – Diese Frage muß nicht belastend und von existentieller Schwere sein. Es ist vielmehr die erfreulichste Entdeckungsreise, die ein Mensch unternehmen kann, und wir tun unseren Kindern einen großen Gefallen, wenn wir es auch als solche darstellen. Ein Kind, das nur dieses eine Prinzip beachten würde, hätte ein weitaus erfüllteres – und erfolgreicheres – Leben als zahllose Erwachsene, für die »Geist« und »Gott« für immer abstrakte Begriffe bleiben.

Echtes spirituelles Wachstum verändert einen Menschen auf gegensätzliche Weise: Es führt zu Einsichten und bewahrt gleichzeitig die Unschuld. Als Eltern sind wir immer wieder der Versuchung ausgesetzt, uns von unserer Kindheit zu distanzieren. Wir geben uns gern den Anschein, wir wüßten eben mehr über das Leben, aber eigentlich haben wir doch nur mehr Erfahrungen gemacht. Wir haben die Regeln gut gelernt und wissen, wie man Bestrafungen vermeidet. Meisterlich verbergen wir unsere Schwächen hinter einem Gehabe der Stärke und legen niemals die Maske der Unverletzlichkeit ab. Das wirksamste Mittel, um die Unschuld eines Kindes zu zerstören, ist jedoch die Zerstörung der eigenen.

In den Augen des Geistes ist jeder unschuldig, in der vollen Bedeutung des Wortes. Wir haben nichts getan, das eine Bestrafung oder den Zorn Gottes verdiente. Wir werden täglich neu geboren und können in jedem Moment vielfältige Erfahrungen in uns aufnehmen – eine ständig sprudelnde Quelle des Entzückens und Staunens. Zwischen der Unschuld der Kinder und der Unschuld von Erwachsenen gibt es nur einen Unterschied: Wir Erwachsenen sind *wissend und verstehend* unschuldig – und genau dies sollen wir weitergeben und dabei die Reinheit, Frische und Unverfälschtheit bewahren, die wahre Erkenntnis mit sich bringt.

DIE PHASEN DER KINDHEIT

Von dem Tag seiner Geburt an sind Sie der spirituelle Lehrmeister Ihres Kindes. Wenn Sie eine Atmosphäre schaffen, die durch Vertrauen, Offenheit, Unvoreingenommenheit und Wohlwollen geprägt ist, wird es diese Qualitäten als Eigenschaften des Geistes aufnehmen.

In einer vollkommenen Welt könnte man in einem einzigen Satz zusammenfassen, was Elternschaft bedeutet: *nichts als Liebe zeigen, nichts als Liebe sein.* In der Welt jedoch, mit der wir alle fertig werden müssen, begegnen unsere heranwachsenden Kinder auf Schritt und Tritt lieblosem Verhalten – vor allem außerhalb der Familie, manchmal aber auch zu Hause. Sorgen Sie sich nicht darum, ob genügend Liebe in Ihnen steckt, um zum spirituellen Lehrer zu taugen. Betrachten Sie die Spiritualität als erlernbare Fähigkeit, das Leben zu gestalten, denn genau das ist sie. Ich bin davon überzeugt, daß man diese Fertigkeiten so früh wie möglich vermitteln sollte, und zwar auf jede Art und Weise, die ein Kind verstehen kann.

Lernen Sie von Ihrem Baby!

Schlüsselwörter: *Liebe, Zuneigung, Aufmerksamkeit*

Unsere Generation hat sich zum Glück von der irrigen Vorstellung befreit, Kinder müßten von der Wiege an gedrillt und diszipliniert werden. Ein Kleinkind ist pures geistiges Gold. Wenn wir die Unschuld unserer Kinder liebevoll hegen und pflegen, finden wir auch den Weg zu unserer eigenen Unschuld wieder. In einem sehr tiefgreifenden Sinn sind es eigentlich die Eltern, die zu Füßen ihres Babys sitzen. Die geistige Verbindung zu dem kleinen Wesen entsteht, wenn wir es anfassen, im Arm halten, beschützen, mit ihm spielen und ihm unsere Aufmerksamkeit schenken. Ohne diese »primitiven« Reaktionen aus der Umgebung kann ein menschlicher Organismus nicht gedeihen. Er wird genauso sicher verwelken und verkümmern wie eine Blume, die kein Sonnenlicht bekommt.

Forscher in Windeln

Schlüsselwörter: *Freiheit, Ermutigung, Respekt*

Mit ein bis zwei Jahren entwickelt das Kind ein *Ego*. Darunter verstehe ich hier die grundsätzliche Form der Selbstwahrnehmung, das klare Bewußtsein: »Ich bin.« Es ist eine kritische Zeit, denn im Krabbelalter unternimmt das Kind seine ersten Ablösungsversuche von den Eltern. Die Verlockungen der Freiheit und die Neugier ziehen es in die eine Richtung, Angst und Unsicherheit in die andere. Unabhängigkeit und Selbständigkeit bringen auch unangenehme Erfahrungen mit sich. Deshalb sollten die Eltern dem Kind einen geistigen Grundsatz vermitteln, ohne den kein Kind ein unabhängiges Selbst entwickeln kann: »Die Welt ist ein sicherer Ort.«

Sich als erwachsener Mensch sicher zu fühlen setzt voraus, daß man nicht schon irgendwann vor seinem zweiten Geburtstag auf Ängstlichkeit programmiert worden ist. Man wurde vielmehr in seinem Freiheitsdrang ermutigt, trotz der Wunden, die sich ein Kind manchmal beim Zusammenprall mit den Gegenständen dieser Welt zuzieht. Hinzufallen ist nicht das gleiche wie zu versagen; wer sich weh tut, braucht deshalb die Welt nicht gleich für gefährlich zu halten. Der Schmerz ist lediglich die Sprache, in der die Natur dem Kind mitteilt, daß es an Grenzen stößt – er zeigt dem kleinen Forscher, wo sein »Ich« anfängt und wo es aufhört, und hilft ihm, möglichen Gefahren – wie sich zu verbrennen oder die Treppe hinunterzufallen – aus dem Weg zu gehen.

Wenn Eltern diesen natürlichen Lernprozeß stören, bildet sich eine Art psychischer Schmerzempfindlichkeit heraus, die von der Natur nicht beabsichtigt ist. Psychischer Schmerz läßt Grenzen entstehen, die man nicht ohne tiefe und das Selbstwertgefühl bedrohende Ängste überschreiten kann. Ein Kind, das sich böse, schwach, unfähig oder ständig bedroht fühlt, sobald es sich weh tut, hat keinen Raum mehr für inneres geistiges Wachstum. Wo das Gefühl der Sicherheit fehlt, bleibt der Geist außen vor. Man bemüht sich zwar ständig darum, sich in dieser Welt irgendwie sicher zu fühlen, aber das gelingt erst, wenn man die Prägungen der frühen Kindheit überwunden hat.

Kleine Nervensägen

Schlüsselwörter: *Beanspruchen dürfen/Verdienen, erforschen, anerkannt werden*

Im Alter zwischen zwei und fünf Jahren geht es darum, das kindliche Selbstwertgefühl aufzubauen. Selbstachtung schafft die Bereitschaft, hinauszugehen aus der Familie und sich mit der großen weiten Welt auseinanderzusetzen. Diese Zeit ist gekennzeichnet durch Aufgaben und Herausforderungen. Bis es zwei oder drei Jahre alt ist, trägt das kleine Kind keinerlei Verantwortung für irgendwelche Aufgaben – es reicht, wenn es spielt und guter Dinge ist. Es gibt keine andere spirituelle Notwendigkeit, als die Freude des kindlichen Selbst, das sich einer neuen und unverbrauchten Welt öffnet, zu nähren und zu bewahren.

Während das Kind lernt, seine Ausscheidungen zu kontrollieren und selbständig zu essen, erkennt es allmählich, daß das »Ich bin« erweitert werden kann zum »Ich kann«. Von dem Moment an, wo das Ego eines Zweijährigen diese Entdeckung macht, gibt es kein Halten mehr. Die Kleinen glauben, daß die ganze Welt auf ihr Kommando hört – und die eigene Familie allemal. Das Wort »Ich« wirkt wie ein auf Touren gekommener Dynamo. Das zum Leben erwachte Ego von Zweijährigen strotzt vor überschäumender, undisziplinierter Energie und läßt sie zu Nervensägen werden. Sie schreien, kreischen, rennen herum, schwingen das allmächtige Wörtchen »Nein!« wie eine Keule und verlangen, daß sich alles nach ihrem Willen richtet – und genau das hat auf dieser Entwicklungsstufe zu geschehen.

Spirituell gesehen, geht es im Vorschulalter um Macht. Macht *ist* ihrem Wesen nach spirituell – nur fehlgeleitete Macht führt zu Problemen. Man sollte das Machtstreben seines Kindes nicht unterdrücken, sondern versuchen, diese Energie in Anforderungen und Aufgaben umzuleiten, bei denen es Ausgewogenheit lernt. Wenn der Machthunger nicht ins Gleichgewicht gebracht wird, bereitet er viel Kummer, denn das Kind erlebt seine Macht in erster Linie als Illusion. Tobende Zweijährige sind trotz allem winzige, verletzliche und ungeformte Persönlichkeiten. Aus Liebe zu unserem Kind gestehen wir ihm seine Machtillusionen zu, denn wir möchten ja, daß es sich zu einem starken, fähigen Menschen entwickelt, der sich allen Herausforderungen der Zukunft gewachsen fühlt. Ein solches Selbstvertrauen entsteht aber nicht, wenn auf dieser Entwicklungsstufe das Gefühl, Macht zu besitzen, unterdrückt oder gar vernichtet wurde.

Der Schritt in die Schulzeit

Schlüsselwörter: *Geben, Teilen, Vorurteilslosigkeit, Anerkennung, Ehrlichkeit*

Die Schlüsselwörter für die ersten Schuljahre klingen bereits ein wenig mehr gesellschaftsbezogen. Es gibt natürlich noch viele andere, denn das Gehirn eines Kindes, das sich schon fünf Jahre mit der Welt auseinandergesetzt hat, ist inzwischen so komplex und aktiv, daß unzählige Begriffe aufgenommen und erprobt werden. Verhaltensweisen wie zu teilen, zu geben und die Wahrheit zu sagen spielen natürlich auch schon vorher eine Rolle. In dieser Phase kommt jedoch etwas Entscheidendes hinzu: Nun können allmählich auch abstrakte Vorstellungen aufgenommen werden. Das gegenständliche Denken des Kleinkindes, das die Gründe für unser Verhalten nicht verstehen, sondern nur gefühlsmäßig einordnen konnte, erweitert sich jetzt um die Fähigkeit, reale Sachverhalte zu akzeptieren, die über das »Ich bin«, »Ich will« und »Zuerst komme ich« hinausgehen.

Durch die Bereitschaft zu geben zeigen wir – in jedem Alter –, daß uns die Bedürfnisse anderer nicht gleichgültig sind. Wenn das Kind das Geben als Verlust empfindet – »Ich muß etwas weggeben, damit du es haben kannst« –, hat es die geistige Lektion dieser Altersstufe noch nicht gelernt. In spirituellem Sinn bedeutet geben: »Ich gebe dir etwas, aber ich verliere es nicht, denn du bist ein Teil von mir.« Ein kleines Kind kann diesen Gedanken nicht vollständig erfassen, aber es kann ihn *erfühlen*. Kinder *wollen* nicht nur teilen – sie tun es sogar mit dem größten Vergnügen. Sie spüren, wie Wärme aufkommt, wenn man die Schranken des Ego überwindet und einem anderen den Zutritt zur eigenen Welt gewährt. Etwas Vertrauteres und Schöneres gibt es nicht.

Das gleiche gilt für die Aufrichtigkeit. Wir lügen, um uns zu schützen und um der drohenden Strafe zu entgehen. Angst vor Strafe erzeugt aber eine innere Spannung, und selbst wenn die Lüge uns vor der befürchteten Gefahr bewahrt hat, wird die Spannung dadurch nur selten, falls überhaupt, gelöst – das kann nur die Wahrheit erreichen. Wenn ein Kind gelernt hat, daß es ein gutes Gefühl ist, die Wahrheit zu sagen, wird es bald erkennen, daß die Wahrheit eine spirituelle Dimension besitzt. Bestrafungen sind völlig überflüssig. Wenn Sie sich nach dem Motto »Sag die Wahrheit, sonst gibt's Ärger« verhalten, vermitteln Sie etwas im spirituellen Sinn Falsches. Ein Kind, das versucht ist zu lügen, hat Angst. Wenn die Wahrheit mit dieser Angst in Verbindung gebracht wird, bemüht sich das Kind logischerweise immer mehr darum, den Eindruck zu erwecken, daß es die Wahrheit sagt.

Wie auch immer, das Kind ist gezwungen, sich besser darzustellen, als es seinem Gefühl nach tatsächlich ist. Zu tun, was andere von einem erwarten, ist ein sicheres Mittel zur Abtötung des Spirituellen. Ihr Kind sollte das Gefühl haben: »Das ist genau das, was *ich* gern tun möchte.«

Die Persönlichkeit macht sich bemerkbar

Schlüsselwörter: *Selbständiges Urteil, Unterscheidungsfähigkeit, Verständnis*

Viele Eltern genießen diese Zeit besonders, denn die Kinder entfalten nun ihre Persönlichkeit und Unabhängigkeit. Sie denken selbständig, haben eigene Hobbys, entwickeln Vorlieben und Abneigungen und begeistern sich für etwas – ihre Entdeckungslust wendet sich bestimmten Themen zu, für die sie sich vielleicht ein Leben lang interessieren werden, wie zum

Beispiel die Wissenschaft oder die Kunst. Die spirituellen Schlüsselwörter entsprechen dieser spannenden Entwicklungsphase.

Der Begriff »Unterscheidungsfähigkeit« klingt spröde, doch er meint eine wunderschöne Eigenschaft der Seele. Es geht um viel mehr, als nur Falsch und Richtig auseinanderhalten zu können. In diesen Jahren erlangt das Nervensystem die Fähigkeit, subtile Eindrücke von großer Tiefe und Bedeutung für die Zukunft aufzunehmen. Einem zehnjährigen Kind ist Weisheit nichts Fremdes mehr, und zum ersten Mal macht sich die edelste aller Gaben bemerkbar – die Selbsterkenntnis. Das Kind kann die Dinge nun mit eigenen Augen sehen und beurteilen. Die Zeit, in der es die Welt aus zweiter Hand von den Erwachsenen in Empfang nahm, ist vorbei.

Zum ersten Mal können die Kinder nun so etwas wie ein geistiges Gesetz begrifflich erfassen. Bis zu diesem Zeitpunkt ist ein Gesetz für sie nichts anderes als eine Regel, die man befolgen muß oder zumindest nicht außer acht lassen darf. Auch wenn sie nicht das Wort »Gesetz« benutzten, konnten die Eltern hilfreiche Einsichten bisher unter Überschriften wie »So hängt alles zusammen« oder »Warum es ist, wie es ist« oder »Wie muß man sich verhalten, damit man keine Gewissensbisse bekommt« vermitteln. Diese Art des Lehrens ist konkreter und stärker erfahrungsbezogen.

Im Alter von etwa zehn Jahren nimmt jedoch das abstrakte Denken einen unabhängigen Weg. Die Erfahrung ist nun der wahre Lehrer, und nicht eine Autoritätsperson. Weshalb das so ist, bleibt ein spirituelles Geheimnis – die Erfahrung stand dem Kind schon von Geburt an zur Verfügung –, aber aus unerfindlichen Gründen spricht die Welt nun plötzlich unmittelbar zu ihm. Das Kind kann nun spüren, wie etwas in ihm aufsteigt, das ihm sagt, ob etwas wahr ist oder nicht, und warum es auf Wahrheit und Liebe ankommt.

Aus Kindern werden Jugendliche

Schlüsselwörter: *Selbstwahrnehmung, Experimentierfreude, Verantwortlichkeit*

Die Kindheit endet mit der Jugend, die schon immer eine anstrengende und schwierige Zeit gewesen ist. Die kindliche Unschuld trifft nun plötzlich auf die Pubertät. Wünsche und Bedürfnisse melden sich, die von den Eltern nicht mehr erfüllt werden können. Den Eltern dämmert die Erkenntnis, daß sie ihre Kinder loslassen und darauf vertrauen müssen, daß diese schon irgendwie in einer Welt der Verantwortung und der Zwänge zurechtkommen werden – mit der sie selbst kaum ohne Unsicherheit umzugehen gelernt haben.

Jetzt zeigt sich, ob die Lektionen der Kindheit süße oder bittere Früchte getragen haben. Ein Kind, das sich von wahrem geistigem Wissen geprägt auf den Weg machen kann, spiegelt den Stolz und das Vertrauen der Eltern wider. Andere Kinder, die in Verwirrung, heilloses Herumexperimentieren und Gruppenzwänge hineinstolpern, lassen dementsprechend die uneingestandene Orientierungslosigkeit ihrer Erziehung erkennen. In der Jugend ist das Selbstbewußtsein bekanntlich ein zartes, empfindliches Pflänzchen, doch es kann sich in dieser Zeit auch festigen.

Die Lust am Experimentieren ist ein natürlicher Bestandteil des Übergangs von der Kindheit zur Jugend, aber das muß nicht wahllos und destruktiv geschehen. Jetzt stellt sich heraus, ob das Kind ein inneres Selbst entwickelt hat, das ihm als Berater dienen kann. Das innere Selbst ist jene leise innere Stimme, die, gestützt auf ein tiefes intuitives Wissen vom Leben, in der Lage ist, zwischen falsch und richtig zu unterscheiden. Dieses Wissen ist nicht auf ein bestimmtes Alter beschränkt. Ein neugeborenes Kind verfügt darüber ebenso wie der reife Erwachsene, doch dieser hat sich ein Verhalten angeeignet, das der inneren Stimme folgt. Wenn Sie Ihr Kind angeleitet haben, in sich hineinzuhorchen, können Sie es gefahrlos in die Welt hinausgehen lassen, denn dann ist es kein Kind mehr. Es ist sogar eine große Freude (auch wenn es gelegentlich ziemlich an den Nerven zerrt), einem heranwachsenden Kind zuzusehen, wie es beim Ausprobieren der zahllosen Angebote, die das Leben ihm macht, ein ständig wachsendes Bewußtsein seiner selbst entwickelt.

RICHTIG UND FALSCH UNTERSCHEIDEN LERNEN

Wir alle sind in einer Gesellschaft aufgewachsen, die dem spirituellen Leben kaum einen tatsächlichen Wert beimißt. Deshalb ist es nicht immer ganz einfach, seine Rolle als spiritueller Ratgeber der Kinder zu bestimmen. Wie unterscheidet sich das beispielsweise davon, schlicht ein guter Vater oder eine liebevolle Mutter zu sein? Ich möchte das an einem entscheidenden Problem erläutern, das bei allen Kindern auftaucht: Wie bringt man ihnen bei, zwischen Richtig und Falsch zu unterscheiden?

Wir sind uns wohl alle einig, daß die alte Erziehungsmethode mit Zwang und Strafen vermieden werden sollte. Wenn wir als strafende Autoritäten auftreten, lassen wir nur deutlich die moralischen Widersprüche erkennen, die wir für uns selbst noch nicht gelöst haben. Kinder finden blitzschnell die Lücke heraus, die zwischen unserem Verhalten und dem, was wir als Eltern von ihnen verlangen, klafft. Es mag sein, daß sie lernen, uns aus Angst vor Strafe zu gehorchen, aber intuitiv spüren sie sehr wohl, daß Eltern, die zu Drohungen und Zwang greifen müssen, kein Vorbild für das sein können, was man unter »gut« versteht.

Jeder von uns weiß, daß es – allen guten Vorsätzen zum Trotz – Augenblicke gibt, in denen wir unsere Kinder aus lauter Verzweiflung und Enttäuschung am liebsten ordentlich bestrafen würden. Bei genauerer Betrachtung stellt sich aber heraus, daß wir in solchen Momenten die Strafe benutzen, um Probleme auszuräumen, die in unserer eigenen Seele noch nicht gelöst sind. Glauben wir denn wirklich, daß man jederzeit immer nur gut und vorbildlich sein kann? Fürchten wir einen Gott, der uns jedesmal bestraft, wenn wir böse sind? Ist das Böse eine Macht, der wir hilflos gegenüberstehen, voller Zweifel, ob das Gute in dieser Welt überhaupt standhalten kann – von einem Sieg gar nicht zu reden?

Die Unzulänglichkeiten unseres eigenen Seelenlebens werden daran sichtbar, wie wir mit unserer Elternrolle umgehen. Wir können uns ihnen nicht entziehen, und auch wenn wir uns darum bemühen, liebevoll und zärtlich mit unseren Kindern umzugehen, wird es bestimmt Zeiten geben, in denen sich unsere Zweifel bemerkbar machen. Ein geistiger Lehrmeister zu sein umfaßt aber mehr als das eigene Verhalten– es bedeutet, die echten Wahrheiten über die Natur des geistigen Lebens weiterzugeben.

Der Wert des Geistigen läßt sich am einfachsten in einer Atmosphäre vermitteln, in der es in Form von Liebe aufgesogen werden kann. Ein Kind zur Welt zu bringen ist ein solcher Akt der Gnade, daß alle Eltern dieses Geschenk immer wieder aufs neue erwidern möchten. Ich habe diesen Impuls in meinem tiefsten Inneren verspürt. Den Mut, dieses Buch zu schreiben, habe ich gefunden, weil mir meine beiden eigenen Kinder die Möglichkeit gaben, die sieben geistigen Gesetze durch sie und an ihnen zu lernen. Die Unschuld macht Kinder zu strengen Lehrern der Wahrheit und der Liebe. Wenn Sie als Eltern nicht völlig aus dem Geist der Liebe heraus handeln, ist es gleichgültig, was sie über die Gesetze denken, die Sie weitergeben – es sind dann nur leblose Regeln, die Ihr Kind über Bord werfen wird, sobald keine Autorität mehr Gehorsam erzwingt.

Meine Frau und ich haben etwas Erstaunliches herausgefunden: Bereits als unsere Kinder noch sehr klein waren, haben wir instinktiv bestimmte Verhaltensweisen angewandt, die sich erst später zu Erziehungsprinzipien verfestigten:

- Wir haben unseren Kindern beigebracht, das Geistige als eine Realität zu betrachten und an einen unerschöpflichen Quell der Liebe zu glauben, in dessen Strom sie geborgen sind. Das war unsere Arbeitshypothese für die Vorstellung von Gott.

- Wir haben sie nicht gedrängt, sich um Erfolg im konventionellen Sinn zu bemühen. Auf diese Weise haben wir ihnen vermittelt, daß der Kosmos ihnen aufgrund ihrer Persönlichkeit und nicht aufgrund ihrer Leistung zugetan ist.

- Wir haben es nie für erforderlich gehalten, unsere Kinder zu bestrafen, aber wenn sie uns enttäuscht, verärgert oder gekränkt hatten, haben wir es ihnen ehrlich zu verstehen gegeben. So haben wir sie nicht durch Vorschriften erzogen, sondern durch die Folgen ihres eigenen Verhaltens.

- Wir haben nie vergessen, daß unsere Kinder Geschenke des Universums sind, und wir haben sie auch wissen lassen, daß wir es als große Auszeichnung und Ehre empfinden, ihren Werdegang begleiten zu dürfen. Wir haben sie nicht als Eigentum oder als unseren Besitz betrachtet und auch nicht unsere Erwartungen in sie hineinprojiziert. Wir hielten es nie für nötig, sie mit anderen Kindern – im guten wie im schlechten – zu vergleichen. Auf diese Weise haben wir erreicht, daß sie sich selbst niemals mangelhaft vorkamen.

- Wir haben ihnen gesagt, daß sie über Begabungen verfügen, mit denen sie das Leben anderer Menschen verändern können – und auch, daß sie in der Lage sind, in ihrem eigenen Leben alles zu verändern oder neu zu schaffen, wenn sie wollen.

- Wir haben ihnen schon sehr früh begreiflich gemacht, auf welche Art von Erfolg es ankommt: sich erstrebenswerte Ziele zu schaffen, die etwas bedeuten und die Freude machen. Wir halten das für die beste Methode, anderen zu mehr Freude und einem erfüllteren Dasein zu verhelfen.

- Und schließlich haben wir sie ermutigt, zu ihren Träumen zu stehen. Dadurch haben sie gelernt, ihren eigenen Wunschträumen zu vertrauen, denn das ist der Königsweg in die innere Welt des Geistes.

Meine Frau und ich waren bestimmt keine vollkommenen Eltern, und natürlich sind wir unseren Idealen oft nicht gerecht geworden. Aber wir haben es geschafft, unsere Kinder durch Inspiration zu erziehen. *Inspiriert* zu sein heißt eigentlich, sich »im Geist« zu befinden, sozusagen »im Atemstrom Gottes zu atmen«. Eine solche Erziehung zeigt auch, was es bedeutet, *Enthusiasmus* zu besitzen, denn das Wort kommt vom griechischen »en theos«, zu deutsch »in Gott«.

Dieser letzte Punkt ist wahrscheinlich der wichtigste. Wenn Sie als Eltern Ihren Kindern die geistigen Gesetze wirklich praktisch vermitteln wollen, müssen Sie wissen, ob Sie damit Erfolg haben oder nicht. Am einfachsten läßt es sich daran ablesen, ob Ihre Kinder Inspiration und Enthusiasmus zeigen. Inspiration, Enthusiasmus und Freude sind spirituelle Qualitäten, ohne die geistiges Leben in keinem Alter möglich ist.

Ich möchte diese Gelegenheit nutzen, meiner Frau Rita meinen tiefempfundenen Dank auszudrücken. Ihr Gespür für Liebe und Güte war immer wegweisend für mich. Ihr spirituelles Feingefühl bestimmte auch, was wir als Eltern *nicht* getan haben. Wir haben keinen Gehorsam eingefordert oder uns selbst als Autoritätspersonen dargestellt. Wir haben nicht versucht, den Eindruck zu erwecken, wir wüßten auf alles eine Antwort. Wir haben unsere Gefühle nicht verleugnet oder unseren Kindern nahegelegt, es zu tun. Und wir haben uns täglich bemüht, sie dazu zu erziehen, ihr eigenes Leben zu leben – nicht das Leben, das wir selber gerne gelebt hätten.

Man kann diese Verhaltensweisen in einem einzigen Grundsatz zusammenfassen: *Jedes Kind braucht soviel reife Liebe, wie wir aufbringen können.* Liebe wird zur reifen Liebe – nicht nur eine erwachsene Liebe –, wenn hinter ihr eine bewußte spirituelle Absicht steht. Durch die Geburt eines Kindes werden wir unversehens zu Lehrmeistern des Geistigen. Anschließend dürfen wir auf die Gnade der Liebe vertrauen, die unsere Absichten in den folgenden

Jahren leitet. Der Geist hebt uns über unsere persönlichen Unzulänglichkeiten hinaus und läßt unseren Kindern dadurch die am tiefsten greifenden und wertvollsten Lektionen zukommen.

ZWEITER TEIL

DIE SIEBEN SPIRITUELLEN GESETZE LEBEN –

WIE SIE JEDEM TAG EINEN TIEFEREN SINN GEBEN

Es gibt zwei Gaben mit Bestand,
die wir hoffentlich unseren Kindern vermachen werden.
Wurzeln sind die eine, die andere sind Flügel.
HODDING CARTER

Auch wenn Ihre Kinder noch sehr klein sind, können Sie schon damit beginnen, den sieben geistigen Gesetzen einen Platz im Alltag Ihrer Familie einzuräumen. Wenn das ganz natürlich, zwanglos und ohne Druck geschieht, werden Ihre Kinder mit lebendigen Beispielen dafür heranwachsen, wie das Geistige zum Gelingen des Lebens beiträgt.

Das kindliche Verständnis für die Bedeutung der spirituellen Gesetze nimmt im Laufe der Zeit zu. Denken Sie daran, daß Kinder vor allem durch unser Beispiel lernen und nicht durch unsere Worte. Der stärkste positive Einfluß geht immer von unserem eigenen Verhalten aus. Kinder brauchen uns als Vorbild und Anregung. Von klein auf beobachten sie uns sehr genau. Wenn sie sehen, wie wir selbst wachsen, uns verändern und im Leben mehr Freude und Sinn finden, gewinnt der Ausdruck »im Einklang mit dem Universum sein« die Kraft des tatsächlich Möglichen. Die Kinder möchten es selbst erleben, auch wenn sie die Prinzipien, um die es dabei geht, noch nicht verstehen können.

Auf den folgenden Seiten stelle ich Ihnen ein »Programm« vor, an dem die ganze Familie teilnimmt. Jeder Tag der Woche ist einem bestimmten Gesetz gewidmet. Den Anfang macht der Sonntag mit dem Gesetz der absoluten Möglichkeit. In unserer Familie sprechen wir an jedem Tag ein paar Minuten über ein bestimmtes Prinzip und suchen nach Beispielen dafür, wie es sich an diesem Tag für uns bemerkbar gemacht hat. Wie bei allen geistigen Praktiken steht auch hier die bewußte Wahrnehmung im Mittelpunkt – allein schon dadurch, daß Sie über die sieben geistigen Gesetze nachdenken, fließt die strukturierende Kraft dieser Regeln in Ihr Leben ein.

Das Programm besteht an jedem Tag aus drei Elementen, die Ihnen dabei helfen, dem jeweiligen Gesetz Ihre Aufmerksamkeit zuzuwenden. Am Sonntag sind es die stille Meditation, die Zwiesprache mit der Natur und das bewußte Bemühen um Unvoreingenommenheit. Alle Familienmitglieder, Eltern und Kinder, kommen überein, sich eine Weile mit diesen Aktivitäten zu beschäftigen. Das nimmt nicht besonders viel Zeit in Anspruch, höchstens eine halbe Stunde. Aufmerksamkeit hat ohnehin nichts mit Zeitaufwand zu tun, sondern mit dem Einsatz des Bewußtseins. Etwas Schönes wahrzunehmen dauert manchmal nur den Bruchteil einer Sekunde. Andere Menschen als gut oder böse einzuschätzen kostet überhaupt keine Zeit.

In meiner Familie ist das gemeinsame Abendessen der Höhepunkt des Tages. Dann sprechen wir miteinander darüber, was wir getan, beobachtet und im Lauf des Tages gelernt haben. Das Gespräch ist ungezwungen und natürlich. Wer etwas sagen will, tut dies, und zwar so ausführlich oder so knapp, wie sie oder er möchte. Am Anfang, wenn die sieben geistigen Gesetze noch etwas Neues sind, müssen Sie als Eltern Ihre Kindern vielleicht noch ein wenig liebevoll dazu ermutigen, sich zu äußern. Aber sie werden rasch Freude daran finden – schließlich ist es eine Zeit, in der die Eltern ihnen zuhören und ihnen volle positive Aufmerksamkeit widmen.

Erstes Gesetz

Sonntag – der Tag der absoluten Möglichkeit

Heute sagen wir unseren Kindern:
»Was es auch sei – alles ist möglich.«

Gemeinsam mit unseren Kindern wollen wir uns als Eltern an diesem Tag mit folgenden Dingen beschäftigen:

1. Wir leiten sie dazu an, ein paar Minuten still zu meditieren.

2. Wir wecken in ihnen das Bewußtsein für die Schönheit und die Wunder der Natur.

3. Wir zeigen ihnen die verborgenen Möglichkeiten, die in vertrauten Situationen schlummern.

Jeder kann zählen,
wie viele Kerne in einem Apfel stecken,
aber niemand kann zählen,
wie viele Äpfel in einem Apfelkern stecken.
ANONYM

Am Sonntag beschäftigt sich die Familie mit der Vorstellung, daß alles möglich ist. Das Feld der absoluten Möglichkeit ist der Geist: Er ist unsere Quelle. Alle Menschen tragen die Saat der Kreativität in sich, die sich in jede Richtung entwickeln kann. Wir werden durch nichts begrenzt außer durch uns selbst, denn der wesentlichste Aspekt eines jeden Menschen ist sein grenzenloses Potential.

Indem wir unsere Quelle aufsuchen, aktivieren wir alle Möglichkeiten in unserem täglichen Leben. Das bedeutet in der Praxis, daß sich jeder ein wenig Zeit nehmen sollte, um das Feld der reinen Wahrnehmung in seiner Stille zu erfahren. Kinder sind darauf angewiesen zu lernen, daß der Geist in der Stille wohnt. Alle anderen Stimmen sprechen laut und deutlich, doch der Geist teilt sich mit, ohne einen Laut von sich zu geben.

Wenn wir uns in Kontakt mit dem Feld der absoluten Möglichkeit befinden, sind wir auf uns selbst bezogen. Das heißt, wir suchen Rat in unserem Innern.

Selbstbezogenheit bringt geistige Erfüllung mit sich, die wir durch materiellen Erfolg niemals erreichen können. Wir streben nach Erfolg, um unser Glücks- und Weisheitspotential auszuschöpfen, und nicht nur, um zu Geld und Besitz zu gelangen. Der Sonntag ist ein guter Tag, um die ganze Woche auf solche Überzeugungen zu gründen.

Was die Kinder betrifft, so ist die Sprache des Herzens oft viel besser geeignet als abstrakte Begriffe wie »Feld der Möglichkeiten«. Ein guter Anfang wäre eine Formulierung wie »Hör auf deine innere Stimme, dein Herz weiß Bescheid«. Oder solche Sätze wie:

> Mach dich in deinem Herzen bereit, all das zu werden, was du sein könntest.
>
> In deinem Herzen ist alles möglich.
>
> In deinem Herzen weißt du, daß sich alles zum Besten entwickeln wird.
>
> Wenn du reinen Herzens bist, kannst du alles erreichen.
>
> In welcher Lage du dich auch befinden magst, du wirst in deinem Herzen wissen, daß du ihr gewachsen bist.

Sie sollten Ihren Kindern deutlich machen, daß »Herz« nicht bloß ein anderes Wort für »Gefühle« ist. Das Herz ist ein spirituelles Zentrum, in dem Stille und Weisheit wohnen. Natürlich entspringen auch unsere tiefsten Emotionen wie Liebe und Mitgefühl aus dieser Quelle. Hier kommt es aber darauf an, daß unsere Kinder das Herz als den Ort begreifen, wo die Empfindung »Ich bin« ihren Sitz hat. Sie ist das Samenkorn der Inspiration, das alle Möglichkeiten aus sich hervortreibt. Sie ist unsere Verbindung mit dem Feld der absoluten Möglichkeit. Kein Mensch ist wirklich erfolgreich, wenn er sich nicht im Innersten seines Herzens erfolgreich fühlt.

Der Sonntag mit Ihren Kindern

Die drei Elemente am Sonntag sind: zu meditieren, sich der Schönheit und der Wunder der Natur bewußt zu werden und neue Möglichkeiten in vertrauten Situationen zu entdecken.

1. *Meditieren*

Die erwachsenen Familienmitglieder sollten am Morgen und am Nachmittag regelmäßig fünfzehn bis zwanzig Minuten in stiller Meditation verbringen. Kinder werden am besten schrittweise mit dieser Praxis vertraut gemacht. Versuchen Sie aber nicht, die natürliche Energie und den Überschwang Ihrer Kinder zu bremsen. Erst wenn sie sechs oder sieben Jahre alt sind, können Sie ihnen allmählich vermitteln, wie gut es ist, jeden Tag ein paar Minuten in Abgeschiedenheit und Stille zu verbringen.

- Das Erlebnis der inneren Stille ist eine äußerst feine Empfindung, die sich erst entfalten kann, wenn das Nervensystem einen gewissen Reifegrad erreicht hat. Bis Ihre Kinder elf oder zwölf Jahre alt sind, genügt es daher, wenn Sie ein lebendiges Beispiel sind. Bestehen Sie nicht auf einer täglichen Meditation, sondern nutzen Sie entspannte Situationen, in denen Sie das Kind zwanglos auffordern können, sich still neben Sie zu setzen (am besten, wenn Sie gerade selbst meditieren) und ruhig, mit geschlossenen Augen zu atmen. Bitten Sie es, seinem Atem nachzuspüren, wie er sanft ein- und ausströmt. Älteren Kindern kann man vorschlagen, sich den Atem als einen matten bläulich-weißen Lichtschimmer vorzustellen, der durch die Nasenlöcher hinein- und wieder herausfließt. Sagen Sie etwas Ermunterndes. Lassen Sie sich die Freude anmerken, die Ihnen die Meditation bereitet – das ist ein guter Ansporn.

  Anfangs reichen fünf Minuten mit dieser einfachen Atemübung. Im Alter von zehn bis zwölf Jahren sollte die Übung allmählich auf etwa fünfzehn Minuten ausgedehnt werden.

- Werden Sie nicht ungeduldig, wenn Ihr Kind sich nicht jedesmal still hinsetzen möchte, sobald Sie das vorschlagen. Falls es nur herumzappelt, schicken Sie es einfach wieder hinaus und setzen Ihre Meditation fort. Wenn es sieht, wieviel Freude Sie daran haben, wird sich Ihr Kind von ganz allein zu dieser Praxis hingezogen fühlen.

Ohne entsprechendes Wissen ist Meditation nur die Hälfte wert. Für Ihre Kinder bedeutet deshalb alles, was Sie ihnen über die wohltuende Wirkung des Meditierens sagen können, eine enorme Ermunterung. Innere Stille fördert die Klarheit des Geistes. Sie läßt uns den Wert unserer Innenwelt erkennen, und wenn wir vor Problemen und Herausforderungen stehen, zeigt sie uns den Pfad nach innen zum Quell von Frieden und Inspiration.

2. *Die Schönheiten und Wunder der Natur erfahren*
Die Natur atmet den Atem des Geistes. In ihrer Schönheit spiegelt sich das Staunen unserer Seelen über ihre Anwesenheit. Wenn Sie sich Zeit nehmen für einen Ausflug ins Grüne – im Park spazierengehen, einen Naturlehrpfad entlangwandern, am Strand oder in den Bergen ein Picknick machen –, offenbart sich Ihnen noch in der kleinsten Blume die unendliche Schöpferkraft. Ich liebe den Satz: »Gottes Freigebigkeit wird nur durch unsere Fähigkeit begrenzt, Seine Geschenke zu würdigen.« Auf den Erfolg bezogen stimmt das absolut – wir können immer nur soweit schauen, wie unsere Visionen reichen. Die Natur ist der ideale Ort, um unseren Horizont zu erweitern.

- Kinder lassen sich gerne von den Wundern der Natur inspirieren. Wir können das unterstützen, indem wir ihnen das Gefühl der Weite und Freiheit nahebringen, das die Natur in uns wachruft. Das Gefühl »Ich kann alles erreichen« steigt auf natürliche Weise in uns auf, wenn wir die gewaltige Ausdehnung des klaren Himmels oder die Majestät einer hoch aufragenden Bergkette auf uns einwirken lassen.

Wer vor allem die physikalischen Aspekte der Natur sieht, neigt dazu, bei dem Gedanken zu verweilen, wie winzig und unbedeutend sich der Mensch im weiten Spektrum der Natur ausnimmt. Auf der spirituellen Ebene trifft das aber keineswegs zu. In geistiger Hinsicht erzeugen die unermeßlichen Dimensionen der natürlichen Welt in uns das Gefühl, eins zu sein mit der Unendlichkeit.

3. *Verborgene Möglichkeiten entdecken*

In jeder Sekunde unseres Lebens öffnet sich uns eine Tür zu unbegrenzten Möglichkeiten. Wenn wir jedoch nicht offen dafür sind, schwinden sie wieder dahin. Deshalb ist es wichtig, daß wir unseren Kindern beibringen, auch in wohlbekannten Situationen nach Neuem Ausschau zu halten.

Was ist nötig, damit man neue Dinge sieht? Dazu brauchen wir Einsicht und Aufnahmebereitschaft, Unvoreingenommenheit und die Bereitschaft, offen zu sein. Es sind all die Dinge, von denen der Erfolg abhängt, Jedesmal wenn Sie die simple Frage stellen: »Könnten wir die Sache auch einmal anders betrachten?«, fördern Sie diese Haltungen.

Es gibt immer einen anderen Blickwinkel. Ein Beispiel: Einer meiner Bekannten war kürzlich zum Abendessen eingeladen. Noch in der Tür bat man, er möge sich nicht darüber wundern, wenn Claudia, die Jüngste der Familie, nichts essen wolle. »Wir haben Schwierigkeiten mit ihr. Sie ist jetzt sechs und will einfach nicht essen«, erklärten ihm die Eltern. Als mein Freund sich an den Tisch setzte, begann Claudia sofort mit ihrem stereotypen »Das mag ich nicht«, »Was ist das denn?« und so weiter – eine gut geölte alte Leier, auf die die Eltern nur mit einem »Da kann man nichts machen« reagierten. Mit anderen Worten, alle Beteiligten drückten jene alten Gedanken aus, die uns so oft in eingefahrenen und unfruchtbaren Verhaltensmustern gefangen halten.

Mein Freund beugte sich spontan zu dem Mädchen hinüber und flüsterte:

»Das Essen auf deinem Teller sieht so lecker aus, daß ich es am liebsten selbst essen möchte.« Er nahm sein Messer und zog damit auf Claudias Teller von oben nach unten eine Trennlinie.

»Also: Alles, was auf meiner Seite der Linie liegt, gehört jetzt mir, und du darfst es auf gar keinen Fall mehr anrühren.« Er sprach leise und in spielerischem Ton mit ihr.

Claudia sah ihn mit großen Augen an. Sie hatte das Essen immer als Kraftprobe und Machtkampf mit den Eltern verstanden, und nun hatte mein Freund auf einmal ein Spiel daraus gemacht. Er schaute in die Runde und sagte laut: »Claudia nimmt sich doch nichts von meinem Essen, oder? Das würde sie doch bestimmt nicht tun, nicht wahr?«

Claudia konnte natürlich gar nicht anders, als alles, was auf »seiner« Seite des Tellers lag, so schnell wie möglich zu verputzen. Die Versuchung, auf das Spiel einzugehen, war einfach zu groß.

Das Beispiel zeigt, wie alle Beteiligten – die Eltern eingeschlossen – alte Schranken durchbrechen konnten, indem die Situation in einen neuen Rahmen gefaßt wurde.

Ohne es zu merken, setzt sich jeder von uns bei der Art und Weise, wie wir die Welt betrachten, Scheuklappen auf. Wir sehen uns unbegrenzten und unerschöpflichen Möglichkeiten gegenüber und ergreifen sie nicht – oder nur höchst selten –, weil Konditionierungen aus unserer Vergangenheit uns ständig dazu zwingen, Urteile abzugeben. In unserem Kopf hämmert es:

Das mag ich nicht.
Das kann ich nicht verstehen.
Das weiß ich doch schon alles.
Das ist falsch (oder schlecht oder langweilig).
Da kann man eben nichts machen.

An diesem Tag, dem Sonntag, sollten Sie versuchen, sich selbst und Ihre Kinder dabei zu ertappen, wenn einer dieser Sätze fällt. Wir geben sie unentwegt von uns. Irgend etwas oder irgend jemand läuft uns über den Weg, und schon haben wir eine Beurteilung zur Hand, die die Situation gegen jede neue Möglichkeit abdichtet. Auch wenn Ihnen das nur ein einziges Mal passiert ist, sollten Sie Ihre Wahrnehmung ändern. Ermuntern Sie Ihre Kinder, an sich selbst oder an jemand anderem eine neue Eigenschaft zu entdecken. Verlangen Sie von ihnen eine tüchtige Portion Ideenreichtum. Lassen Sie die Phantasie, Experimentierfreude und Offenheit Ihrer Kinder zum Zuge kommen.

Selbst wenn Sie ihnen nur diesen einen Aspekt beibringen, tragen Sie dadurch mehr zum Erfolg Ihrer Kinder bei als auf irgendeine andere Weise. Erfolgreich zu sein bedeutet Chancen wahrzunehmen, die andere Menschen nicht genutzt haben.

Sobald die Kinder so alt sind, daß sie mit abstrakten Vorstellungen etwas anfangen können, sollte man vor allem versuchen, ihnen eine Grundhaltung beizubringen, die frei von Vorurteilen ist. Unvoreingenommenheit bedeutet, andere Leute und ihr Verhalten nicht von vornherein als »falsch« oder »richtig« abzustempeln. Das ist der erste Schritt zu einer reifen Haltung, zu Toleranz, Gewaltlosigkeit und Mitgefühl mit allem Lebendigen.

Eine spirituell geprägte Lebenseinstellung verträgt sich nicht damit, Bewertungen zu verteilen. Wir alle projizieren gerne Negatives auf andere Menschen, und zwar, weil wir unsere gefühlsmäßigen Reaktionen mit der Wirklichkeit verwechseln. Wenn jemand uns zum Beispiel wütend, traurig oder ängstlich macht, glauben wir, der andere sei für dieses Negative verantwortlich. Auf geistiger Ebene aber lehrt uns das Gesetz der absoluten Möglichkeit, daß man niemanden abstempeln oder beurteilen kann, weil das Leben alle Möglichkeiten einschließt. Alles liegt in uns selbst. Nichts in unserem Wesen kann durch jemanden, der sich »außerhalb« befindet, hervorgerufen oder vernichtet werden. Jemand, der Sie in Angst oder Wut versetzt, kann auf andere Menschen die absolut entgegengesetzte Wirkung haben. Deshalb lohnt es sich, an diesem Tag einmal alle anderen eine Weile im Licht der Liebe zu betrachten, ohne Beurteilungen und ohne jemandem vorzuwerfen, er sei böse oder befinde sich im Irrtum.

Es ist nicht leicht, kleinen Kindern eine unvoreingenommene Einstellung zu vermitteln. Ein simpler Satz wie »Sag doch nicht immer, daß dein kleiner Bruder Unrecht hat« stiftet schon Verwirrung, weil er auch als Rüge verstanden werden kann. Sooft wir Formulierungen mit »Sag doch nicht«, »Tu doch nicht« oder überhaupt mit »... doch nicht« benutzen, geben wir ein Urteil ab. Viel besser ist es, die Sache von der positiven Seite anzugehen: Fordern Sie jedes der beiden Kinder auf, an seinem Bruder oder seiner Schwester eine besonders gute oder liebenswerte Seite zu entdecken. Machen Sie das zur spielerischen Aufgabe des Tages, und sprechen Sie dann beim Abendessen mit den Kindern darüber. Eigentlich ist niemand zu alt für dieses Spiel – auch wir Eltern nicht.

Darüber hinaus kann man von größeren Kindern mehr und mehr erwarten, daß sie die Verantwortung für ihre Gefühle übernehmen. Sie müssen den Unterschied begreifen lernen zwischen den Sätzen »Du hast etwas getan, das mich wütend gemacht hat« und »Ich fühle mich wütend und möchte selbst damit fertig werden«.

Üben Sie an dieser Stelle jedoch keinen Druck aus: Es dauert ein Leben lang, bis wir ein reifes Verantwortungsbewußtsein für unsere eigenen Gefühle entwickelt haben. Projektionen haben eine gewaltige Macht. Aber wenn wir Wohlwollen und Toleranz lehren und die Überzeugung vermitteln, daß jeder sein Bestes gibt – und auch in diesem Licht betrachtet werden sollte und nicht nach dem Maßstab unserer Erwartungen –, dann haben wir schon viel dafür getan, unseren Kindern das erste Gesetz nahezubringen.

Gedanken zum Gesetz der absoluten Möglichkeit

Alles strömt aus der unendlichen Quelle,
aus Gott. …
Gott ist Teil eines jeden Kindes,
und Er verbindet es mit der Quelle.

Da Gott alles erschafft,
muß man Kinder ermutigen, daran zu glauben,
daß alles in ihrem Leben möglich ist.

Jeder kann mit der Saat Gottes in Berührung kommen,
die in ihm wohnt. …
Jeder Tag schenkt uns die Möglichkeit,
diese Saat zu wässern
und zuzuschauen, wie sie wächst.

Wenn Kinder sich klein und schwach vorkommen,
sollten wir sie daran erinnern,
daß sie Kinder des Universums sind.

Zweites Gesetz

Montag – der Tag des Gebens

Heute sagen wir unseren Kindern:
»Wenn du etwas bekommen möchtest,
mußt du es geben.«

Gemeinsam mit unseren Kindern wollen wir uns als Eltern an diesem Tag mit folgenden Dingen beschäftigen:

1. Wir wollen unseren Kindern vorschlagen, einem anderen Familienmitglied etwas zu schenken.

2. Wir regen sie dazu an, alles, was sie bekommen, dankbar anzunehmen.

3. Wir vollziehen gemeinsam eine kleine Dankeszeremonie für die Geschenke des Lebens.

Wer nehmen möchte,
muß zuerst geben.
LAO ZI

An diesem Tag achten wir auf Möglichkeiten, anderen etwas geben zu können. Da man nicht geben kann, ohne auch zu nehmen, schließen wir den Kreis, indem wir dem Nehmen ebenfalls Beachtung schenken. Das Geben wird auf diese Weise als ununterbrochene Bewegung verstanden, als allumfassender Kreislauf der Schöpfung. Um etwas zu erschaffen, muß man einem Samen oder einer Idee »das Leben schenken«. Durch dieses Geschenk wächst der Same heran, die Früchte vermehren sich und die Idee gewinnt Gestalt.

Spirituell gesehen hängt Erfolg davon ab, ob man den Prinzipien folgt, nach denen die Natur funktioniert. Das Geben gehört zu den wertvollsten dieser Regeln. Viele spirituelle Meister haben gelehrt, was der moderne Yogi Shivananda mit folgenden Worten zusammenfaßt: »Geben ist das Geheimnis des Überflusses.« Daran ist nichts rätselhaft. Es war schon immer so, daß man, um Liebe zu bekommen, zuerst Liebe geben mußte. Gott schenkt alles, was er gibt, aus Liebe. Durch unser Geben zeigen wir unser Verständnis für die Wahrheit, daß der Geist der Ursprung aller Gaben ist.

Es ist nicht immer leicht, dem Drang zu nehmen und zu horten zu widerstehen. Solche Neigungen entstehen aus der Unkenntnis des geistigen Gesetzes. Kinder geben gern, und wenn sie es nicht mehr tun, spiegelt sich darin unser eigenes Verhalten wider. Manche Eltern predigen ihren Kindern ständig: »Du mußt lernen zu teilen. Sei brav und gib deinem kleinen Bruder etwas ab. Sei ein liebes Mädchen, dann bekommst du etwas Schönes.« Und dennoch zeigt sich darin vielleicht auf einer tieferen Ebene immer noch die quälende Angst vor Mangel und Knappheit und das Bedürfnis des Ego, zu besitzen und festzuhalten. Tiefsitzende Überzeugungen dieser Art zerstören den Geist des Gebens. Widmen Sie also diesen Tag dem spirituellen Geben – das ist viel wertvoller als alles, was man an materiellen Dingen verschenken kann.

Der Montag mit Ihren Kindern

Alle Kinder gehen ab einem bestimmten Alter montags zur Schule. Deshalb ist es am besten, beim Frühstück und beim Abendessen, wenn die Familie möglichst vollständig versammelt ist, über das Gesetz des Gebens zu sprechen. Morgens wird der Plan für den

Tag entworfen, und abends erzählt man sich gegenseitig, was man erreicht und gelernt hat. Dieser Ablauf gilt auch bei den übrigen fünf Gesetzen, die ja ebenfalls alle mit einem bestimmten Werktag verknüpft sind. Die Minuten der Stille, die wir schon vom Sonntag kennen, sollten aber an jedem Tag zu ihrem Recht kommen. Die beste Zeit dafür ist morgens und abends, wenn Sie selbst meditieren.

Am Montag beschäftigen wir uns vor allem mit drei Dingen: einem anderen Familienmitglied etwas zu schenken, etwas liebenswürdig anzunehmen und eine kurze Dankeszeremonie abzuhalten.

1. *Schenken*

Machen Sie es sich in Ihrer Familie zur Gewohnheit, daß am Montag jeder einem anderen etwas schenkt. Die Geschenke sollen nicht umständlich geplant oder vorbereitet werden. Jemanden anzulächeln, ein ermutigendes Wort zu finden oder bei einer anstrengenden Arbeit zu helfen ist natürlich und nicht besonders aufwendig. Außerdem prägt es sich ein: Schlichtes Schenken im Familienkreis läßt den Wunsch zu dienen gedeihen. Erfolg verbindet sich mit Erfüllung, wenn er in hohem Maß auf Dienen beruht.

Manche Familien mußten feststellen, daß dieses Geben, Teilen und Dienen zu einem großen Problem werden kann. Kinder wollen von Natur aus Geschenke machen. Es ist fatal, daß einige Leute immer wieder völlig gedankenlos behaupten: »Kinder sind die geborenen Egoisten.« Der Egoismus kleiner Kinder beruht auf ihrem Unvermögen, die Zusammenhänge zu verstehen. Sein Spielzeug loszulassen bedeutet für ein Kleinkind, daß es die Puppe, den Bagger oder den Bären für immer verliert. Es folgt einem natürlichen Reflex, wenn es nach dem letzten Bonbon grapscht. Das Kind weiß eben noch nicht, daß es noch mehr Bonbons gibt als nur dieses eine oder daß man Süßigkeiten auch teilen kann.

Als meine Kinder noch sehr klein waren, konnte ich beobachten, daß sie jedesmal strahlten, wenn sie etwas verschenken konnten – und das war nicht so, weil sie annahmen, sie bekämen irgend etwas dafür zurück. Wir beginnen erst daran zu zweifeln, daß der Kosmos uns alles wieder zurückgibt, wenn Angst, Mangel, Verlassenheit und Neid bereits ihre Spuren in unserem Bewußtsein hinterlassen haben. Ohne diese negativen Prägungen ist das Leben ganz selbstverständlich ein unendlicher Strom von Dingen, von denen einige materiell sind, andere nicht. Oder muß man für die Luft, den Regen und das Sonnenlicht bezahlen, die uns am Leben erhalten?

Menschen, die das Schenken verlernt haben, sind auf eine frühkindliche Bewußtseinsstufe zurückgefallen – sie glauben, wenn sie etwas loslassen, verlieren sie es für immer. Sie haben vergessen, daß wir überhaupt nur deshalb etwas bekommen, weil das Universum uns seine Bedeutung für unser innerstes Wesen erfahren lassen möchte. Immer wenn uns etwas geschenkt wird, geht damit eine geistige Lektion einher. Der Besitz an sich ist kein Ersatz für die Befriedigung, Zufriedenheit und innere Erfüllung, von denen er begleitet sein sollte.

Konzentrieren Sie sich gemeinsam mit Ihren Kindern darauf, wie sich Schenken *anfühlt*. Damit es eine freudige Empfindung ist, sollten Sie das Geben zunächst in der Form des Teilens behandeln. Selbst ein dreioder vierjähriges Kind spürt schon, wie schön es ist, einem Spielkameraden ein Bonbon abzugeben, wenn man selber zwei davon hat. Größeren Kindern kann man beibringen, auch weniger greifbare Dinge zu verschenken – ein Lächeln, ein freundliches Wort oder eine Hilfestellung für jemanden, der unter Druck steht. Erklären Sie diese Dinge in Ihrer Familie zu den »Montagszielen«, und sprechen Sie beim Abendessen gemeinsam darüber, welche Erfahrungen Sie gemacht haben.

Wenn die Kinder zwölf oder noch etwas älter sind, ändert sich wiederum der Schwerpunkt. Sie sind nun alt genug, um zu lernen, auch dann etwas abzugeben, wenn es ihnen nicht mehr so leicht fällt und die Versuchung groß ist, sich zu drücken oder selbstsüchtig zu handeln. Das Einüben sozialer Verhaltensweisen – nach einem verlorenen Spiel dem Gewinner zu gratulieren, Außenseiter freundlich zu behandeln und in die eigene Clique aufzunehmen oder jemandem taktvoll und ohne Wichtigtuerei zu helfen – stellt eine wertvolle Lektion für größere Kinder dar.

2. *Dankbar annehmen*

Etwas dankbar anzunehmen ist eine Kunst, bei der man nicht mogeln kann. Auch wenn es heißt »Geben ist seliger als Nehmen«, so ist doch das Umgekehrte sehr viel schwieriger. Es liegt an unserem Stolz, an dem Gefühl, die Hilfe, die Almosen oder die Barmherzigkeit anderer Leute nicht nötig zu haben, oder an irgendeinem Gefühl des Unbehagens, wenn wir als Beschenkte mit Dank geizen. Das alles sind Reaktionen unseres Ichs. Sie werden überflüssig, sobald wir erkannt haben, daß der Gebende niemals nur der Gebende ist und der Empfangende nicht bloß Empfänger: Beide sind Stellvertreter des Geistes.

Jeder Atemzug ist ein Geschenk. Wenn wir das verstehen, können wir das Geschenk eines anderen als symbolhaftes Beschenktwerden durch Gott begreifen. Jedes Geschenk ist eine Geste der Liebe, die stellvertretend für die Liebe Gottes steht, und sie sollte auch als solche angenommen werden.

Bei kleineren Kindern ist das noch kein Problem. Sie nehmen alles voll Freude an, und es fällt ihnen nicht schwer, vor Dankbarkeit zu strahlen. Wenn Kinder älter werden, dämmern die Bedürfnisse des Ego herauf und machen die Sache etwas schwieriger. Jeder hat schon einmal das mürrische »Dankeschön« erlebt, das Eltern einem Kind abgenötigt haben, dem jede echte Dankbarkeit fehlt. Diese Einstellung kann man nur ändern, indem man die Kinder kontinuierlich darauf aufmerksam macht, wie es sich anfühlt, etwas zu bekommen. Wenn das von klein auf geschieht, werden die natürliche Wärme und das Glücksgefühl des Beschenktwerdens nicht verblassen.

Jeder Mensch muß in jedem Alter Dankbarkeit *empfinden*, sonst kann er sie nicht zeigen. Solche Gefühle werden durch die Einsicht vermittelt, daß alle Dinge einer kosmischen Quelle entströmen. Jedesmal wenn wir etwas bekommen, streift uns ein Blick der göttlichen Liebe – wer auch immer sich in diesem Moment zum Werkzeug der Liebe gemacht haben mag.

3. *Die Dankeszeremonie*

Eine kleine Danksagung im Kreis der Familie ist eine schöne Art, sich für die Gaben des Lebens erkenntlich zu zeigen. Am Eßtisch können sich alle an den Händen fassen, um Dank zu sagen – nicht nur für die

Nahrung, sondern für alles, was ihnen an diesem Tag zuteil geworden ist. Lassen Sie jeden in der Familie etwas dazu beitragen, zum Beispiel mit einem Satz wie »Ich bin dankbar dafür, daß ich auf dem Heimweg von der Schule diesen schönen Schmetterling gesehen habe« oder »Ich bin dankbar, daß wir alle gesund und glücklich sind« oder »Ich bin dankbar, weil ich bei der Aufführung unseres Schultheaters mitmachen darf« und ähnliches mehr.

In vielen Familien ist das Bedanken zu einem schalen Ritual herabgesunken. In Amerika hat der »Thanksgiving Day« (in Deutschland entspricht diesem Feiertag das Erntedankfest) seine Bedeutung weitgehend eingebüßt. Diese Entwicklung kann nur mit einer bewußten Anstrengung rückgängig gemacht werden, wobei die Betonung auf *bewußt* liegt. Wenn wir nicht bewußt daran denken, geht neben all den anderen Gedanken und Vorhaben, die uns beschäftigen, allzuleicht unter, welch ein Geschenk das Leben ist.

Die Freude und der Enthusiasmus, die wir für den Geist empfinden, werfen ihren Glanz auf uns zurück.

Gedanken zum Gesetz des Gebens

❦ *Alle guten Dinge sind in Bewegung. Sie lassen sich nicht gerne festbinden.*

Im Kreislauf der Natur bringt Geben das Nehmen hervor, und Nehmen erzeugt das Geben.

Jeder von uns hat das größte Geschenk von Gott bereits erhalten – die Fähigkeit zu wachsen.

Wenn wir etwas abgeben, zeigen wir unsere Achtung vor dem Ursprung aller Dinge.

Wir behalten nur das, was wir fortgeben. ❦

Drittes Gesetz

Dienstag – der Tag des »Karma«

Heute sagen wir unseren Kindern:
»Mit jeder Entscheidung, die du triffst, veränderst du die Zukunft.«

Gemeinsam mit unseren Kindern wollen wir uns als Eltern an diesem Tag mit folgenden Dingen beschäftigen:

1. Wir sprechen mit ihnen über eine Entscheidung, die sie heute getroffen haben.

2. Wir schildern ihnen, auf welche Weise der Verlauf unseres Lebens von einer Entscheidung beeinflußt wurde, die wir früher einmal getroffen hatten.

3. Wir erklären ihnen die Begriffe richtig und falsch anhand der Gefühle, die Entscheidungen in uns hervorrufen.

Der Segen,
der dir aus deinen guten Taten erwächst,
ist dir gewiß.
BUDDHA

Das Wort »Karma« ist zwar ein Spezialbegriff und steht deshalb hier in Anführungszeichen, aber im Grunde fällt jedes Beispiel für Ursache und Wirkung unter diese Überschrift. Fragen wie »Warum sollte ich mich für dieses entscheiden und nicht für jenes?« oder »Was passiert, wenn ich mit einem Problem auf die eine Weise umgehe und nicht auf die andere?« tauchen jeden Tag im Leben der Kinder auf. Sie müssen wissen, daß jede Wahl, die sie treffen, ein Ergebnis nach sich zieht, das entweder gut oder schlecht für sie ist – mit anderen Worten: Jede Entscheidung verändert die Zukunft.

Üblicherweise wird Karma ziemlich vage als ein Prinzip verstanden, nach dem gute Taten belohnt und schlechte bestraft werden. Eltern leiten daraus ein System von Belohnung und Bestrafung ab, ohne auf den entscheidenden Punkt hinzuweisen: Die Natur regelt diese Dinge selbst. Oft hört man den zynischen Spruch »Das Leben ist unfair«; karmisch betrachtet trifft jedoch genau das Gegenteil zu: Das

Leben ist vollkommen fair. Aber es arbeitet oft tiefgründig und versteckt, und Auswirkungen können ihre Ursachen auf vielen unterschiedlichen Ebenen haben. Es steht uns nicht an zu beurteilen, welches Ergebnis eine bestimmte Handlung verdient. Vielmehr sollten wir genau beobachten, wie der von Ursache und Wirkung durchdrungene Kosmos funktioniert, und unser Verhalten entsprechend ausrichten.

Hier taucht scheinbar ein Widerspruch auf zwischen den sieben geistigen Gesetzen und der Lebenserfahrung. Schließlich gibt es nach dem Gesetz des Karma keine Ungerechtigkeiten, keine zufälligen Unfälle, keine Sündenböcke – alles ist einem unentrinnbaren Gesetz von kosmischer Ursache und Wirkung untergeordnet. Dennoch bedeutet Karma nicht das gleiche wie Fatalismus; es diktiert nicht, daß die Menschen leiden müssen. Was es allerdings festschreibt, ist die absolute Geltung des freien Willens. Deshalb hält uns keine göttliche Macht davon ab, eine schlechte Wahl zu treffen, und es gibt auch keine Befreiungsklausel, die den Grundsatz »Was du säst, wirst du auch ernten« aufhebt.

Karma schließt also eine Bewußtheit auf mehreren Ebenen ein: Man muß sich Rechenschaft darüber ablegen, wie Entscheidungen zustande kommen, man muß ihre Ergebnisse bewerten und gleichzeitig auf die Stimme des Herzens hören, des Ortes, wo feine

Gefühlsregungen uns darauf aufmerksam machen, ob unser Handeln richtig oder falsch ist.

All diese Strategien können wir unseren Kindern vermitteln, indem wir ihnen beibringen, wie man Entscheidungen treffen sollte. Die Vielfalt der Wahlmöglichkeiten ist das entscheidende Moment für den Erfolg im Leben, denn Erfolg ist ja nur ein anderes Wort für die Resultate, die wir durch unser Handeln zu erreichen hoffen.

Der Dienstag mit Ihren Kindern

Bei den drei Elementen an diesem Tag geht es immer um Entscheidungen – wie wir sie treffen, auf welche Weise sie unser Leben verändern und mit welchem Ergebnis wir rechnen, wenn wir einen Weg einem anderen vorziehen.

1. ***Wie trifft man Entscheidungen?***

Sprechen Sie mit Ihren Kindern über eine Entscheidung, die sie heute getroffen haben. Die Zahl der Möglichkeiten ist natürlich unbegrenzt, denn jeder einzelne Augenblick ist voller Entscheidungen. Ermuntern Sie die Kinder, einfach nur zu sagen, was ihnen gerade in den Sinn kommt. Worum es dabei auch gehen mag – Ihr Kind hat eine neue Freundschaft geschlossen, Geld für irgend etwas ausgegeben, will mit A oder B nicht mehr spielen –, finden

Sie gemeinsam heraus, was geschieht, wenn man eine bestimmte Wahl getroffen hat. Ohne daß Sie starre Regeln aufstellen (was jegliche Spontaneität des Gesprächs abtöten würde), können Sie Ihren Kindern so Schritt für Schritt den komplizierten Zusammenhang zwischen Ursache und Wirkung, zwischen Säen und Ernten anschaulich machen.

Wenn die Rede auf eine bestimmte Entscheidung kommt, erforschen Sie behutsam den Hintergrund mit Fragen wie: »Was hast du dir dabei vorgestellt?«, »Was glaubst du, was jetzt geschehen wird?« oder »Was wirst du tun, wenn nicht dies, sondern jenes passiert?« Entscheidungen sind etwas sehr Persönliches. Wie groß die Versuchung auch sein mag, die Wahl Ihrer Kinder in bezug auf Spielkameraden, Aktivitäten, Hobbys, Schulfächer und so weiter zu beeinflussen, nutzen Sie Ihren elterlichen Einfluß lieber, um Ihre Tochter oder Ihren Sohn zu einem sensiblen und bewußten Entscheidungsverhalten zu erziehen.

Kleine Kinder treffen ihre Wahl oft unbedacht und aufs Geratewohl. Sie haben kaum sprechen gelernt, da heißt es schon automatisch »Laß mich das machen!«, »Ich will das tun!« oder ähnlich. Hier meldet sich der Wille, und dieser führt zu Entscheidungen. Erst später sieht ein Kind allmählich ein, daß eine bestimmte Entscheidung auch Konsequenzen nach sich zieht. Das Ego sieht es gar nicht gern, wenn etwas nicht nach seinem Willen geht. Es würde als absoluter Herrscher über unser Leben regieren – wenn es nicht diese negativen Resultate gäbe, sobald wir etwas tun, was nicht richtig für uns ist. Das ist die Art und Weise, mit der Karma uns beständig lehrt, zwischen dem zu unterscheiden, was wir gerne möchten, und dem, wovon wir wissen, daß es gut für uns ist.

Dieses Thema kommt im Leben eines Kindes irgendwann von ganz allein auf. Alle Kinder wollen mehr haben, als sie bekommen. Es ist unsere Aufgabe, unserem Kind zu zeigen, daß Entscheidungen etwas anderes sind als ein endloser Strom eigensinniger Forderungen. Das Universum lauscht den Entscheidungen um so intensiver, je tiefer sie getroffen wurden. Der Weg der Liebe und Wahrheit zum Beispiel ist eine sehr tiefgreifende Wahl, die reich belohnt wird. Die Entscheidung für Egoismus geschieht auf einer oberflächlichen Ebene und bringt wenig ein.

Ich halte es für wenig hilfreich, den altehrwürdigen Satz zu bemühen: »Eine gute Tat trägt ihren Lohn in sich selbst«, denn er unterstellt ein gleichgültiges oder blindes Universum. Alle spirituellen Meister haben von jeher betont, daß Gott oder der Geist Tugend belohnt. Nichts bleibt ohne Lohn, und zwar in dem Sinne, daß keine Handlung in einem leeren Raum stattfindet. Karma ist ein Verrechnungssystem, bei dem genau das wieder herauskommt, was wir investiert haben – mit einem Quentchen Gnade als

Zugabe. Hätten wir auf allen Ebenen den allwissenden Einblick Gottes, dann würden wir ganz gewiß auch alle sogenannten schlechten Ergebnisse akzeptieren – wir würden sehen, daß *nichts Besseres herauskommen konnte*.

Die Tatsache, daß jede Tat zu ihrem bestmöglichen Ergebnis führt, nennen wir *Gnade*. Die Gnade ist Gottes liebevolle Organisation von Zeit und Raum. Das macht es uns möglich, in freier Willensentscheidung alles zu tun, was uns beliebt. Die Resultate unseres Handelns, ob angenehm oder unangenehm, fallen im richtigen Moment wieder auf uns zurück, damit wir aus dem, wofür wir uns entschieden haben, etwas lernen können. Anders ausgedrückt: In allem, was uns geschieht, zeigt sich die Obhut einer liebevoll um unser Wohlergehen besorgten Hand.

Kinder müssen also lernen, daß Wohlbehagen oder Schmerz nicht die endgültige Richtschnur dafür liefert, ob eine Handlung gut oder schlecht für sie ist. Indem Kinder den Zusammenhang zwischen Ursache und Wirkung mehr und mehr begreifen, erkennen sie, daß das Leben ein Lernprozeß auf vielen Ebenen ist. Oft genug kann eine Handlung einzig und allein danach beurteilt werden, ob sie Vergnügen oder Schmerz bereitet. Häufig aber kommen auch noch andere Faktoren hinzu.

2. *Wie wirken sich Entscheidungen aus?*
Wenn die Kinder älter werden, ist es hilfreich, ihnen von eigenen Entscheidungen zu erzählen, die Ihr Leben beeinflußt haben. Kinder wissen instinktiv, daß das Leben eine Suche ist. Sie müssen zwar noch lernen, daß die Zukunft davon abhängt, welchen Weg sie in einer bestimmten Situation wählen, aber gefühlsmäßig wissen sie, daß Erwachsene viele wichtige Entscheidungen getroffen haben. Sprechen Sie darüber nicht im Tonfall des Bedauerns. Der Satz »Das war ein Fehler, und deshalb werde ich dafür sorgen, daß du ihn nicht ebenfalls machst« mag gut gemeint sein, aber er wird Ihre Sprößlinge nicht davon abhalten, selbst eine kleine Kostprobe von allem zu nehmen. Das ist nicht zu vermeiden. Außerdem möchten Eltern ihren Kindern lieber mehr und nicht weniger Möglichkeiten bieten, und das kann überwältigend sein, wenn die jungen Menschen nicht gleichzeitig die Fähigkeit erworben haben, sich zu entscheiden.

3. *Was ist richtig und was falsch?*
Sprechen Sie mit Ihren Kindern über die Empfindungen, von denen eine Entscheidung begleitet ist. Schon in der Kindheit kommen wir zu der Überzeugung, daß Ergebnisse wichtiger sind als Gefühle. Die Gespräche nehmen deshalb oft einen vertrauten Verlauf: »Du hast das Spiel gewonnen, weil du diesen

schwachen Jungen nicht in deine Mannschaft aufgenommen hast. Aber wie hast du dich gefühlt, als du ihm in die Augen geblickt hast? Wie hat er sich gefühlt?« Oder: »Deine Freunde wollten dich überreden, die Schule zu schwänzen. Jetzt hast du Angst, sie glauben, du wärest ein Feigling. Aber du hättest genau gewußt, daß du dann nicht dort bist, wo du eigentlich hingehörst. Wie hättest du dich dann gefühlt?« Oder: »Ich habe dich gebeten, dein Zimmer aufzuräumen, aber du hast es nicht gemacht. Ist dir ein bestimmtes Gefühl in die Quere gekommen?«

Wenn es gilt, eine gute Entscheidung zu treffen, ist der kritische Punkt meistens nicht die rationale Begründung, weshalb man das eine tut und das andere läßt, sondern die Gefühle, mit denen die einzelnen Alternativen besetzt sind. Das liegt daran, daß die Intuition, geistig betrachtet, eine feinere Gabe ist als der Verstand. Das Abwägen von Ursache und Wirkung ist eher ein gefühlsmäßiger als ein intellektueller Vorgang: Unser Herz sagt uns, ob eine Handlung gut oder schlecht ist beziehungsweise sich in einer Grauzone des Zweifels abspielt.

Sie können Ihren Kindern schon von klein auf beibringen, auf das ungute Gefühl zu achten, das sich einstellt, wenn man etwas Falsches tut. Später kann man ihnen die Vorstellung nahebringen, daß der Mensch ein Gewissen hat, und schließlich, ungefähr ab dem zwölften Lebensjahr, können Sie auf die abstrakteren Aspekte der engen Verknüpfung von Handeln und Ergebnis eingehen.

Ich meine damit nicht, daß man verkünden soll: »Wenn du einen Fehler gemacht hast, dann mußt du eben dafür bezahlen.« Das würde ja bedeuten, daß über uns allen stets eine Art göttlicher Drohung schwebt. Eine solche göttliche Drohung gibt es aber nicht. Bestimmte negative Ereignisse scheinen nur deshalb wie ein Blitz aus heiterem Himmel zu kommen, weil wir keine Verbindung zu den tieferen Ebenen der Natur aufgebaut haben, und diese Unkenntnis ist ein Verstoß gegen das geistige Gesetz.

Da wir in einer erfolgsorientierten Gesellschaft leben, in der nicht selten Menschen zu Ruhm und Ansehen gelangen, die auf ihrem Weg zum Erfolg sich selbst und anderen geschadet haben, tritt die zentrale Bedeutung von Karma oft in den Hintergrund. Dennoch spricht man seit neuestem von dem Begriff »emotionale Intelligenz« und bringt ihn in einen unmittelbaren Zusammenhang mit dem Erfolg. Emotionale Intelligenz hat ganz wesentlich mit Einfühlungsvermögen zu tun. Sie sagt uns, in welcher Weise sich unsere Handlungen auf andere auswirken, und gibt uns ein Gespür für das, was andere fühlen. Entscheidungen, die mit Blick auf das Wohlergehen anderer Menschen getroffen werden, münden gewöhnlich in größeren Erfolgen als solche, bei denen nur das Eigeninteresse eine Rolle gespielt hat. In einer materialistischen Kultur mag das eine überraschende Erkenntnis sein – nach dem Gesetz des Karma ist sie völlig klar. Sie sollten Ihr Kind fragen »Wie fühlst du dich bei dieser Entscheidung?« und »Welche Gefühle hatte dein Gegenüber?«, denn darin liegt die Voraussetzung für emotionale Intelligenz und für gutes Karma.

Emotionale Intelligenz bedeutet, seine Wünsche nicht umgehend erfüllt sehen zu wollen. Kinder, die gelernt haben, sich in Geduld zu fassen und Ergebnisse abzuwarten, anstatt sich sofort auf jeden Vorteil zu stürzen, sind im Leben sehr viel erfolgreicher als die, die jeder Laune sofort nachgeben müssen. Das gilt insbesondere in zwischenmenschlichen Beziehungen: Zu lernen, daß man über die spontanen eigenen Reaktionen hinausschauen muß, ist der erste Schritt, um Einfühlungsvermögen zu entwickeln – und ohne Einfühlung in die Gefühlswelt eines anderen Menschen ist keine dauerhafte Beziehung möglich.

Geistig betrachtet hat emotionale Intelligenz mit der lebenswichtigen Frage nach den Grenzen des Ego zu tun. Wenn man sich für eine in Zeit und Raum isolierte und von den Mitmenschen abgeschnittene Person hält, gibt es keinen Grund, warum man nicht ausschließlich den eigenen Impulsen folgen sollte. Wenn Sie jedoch verstanden haben, daß Ihr Ego nicht Ihr wahres Ich ist und daß sich Ihr Selbst ohne Begrenzungen auf die gesamte Natur erstreckt, können Sie sich ein altruistisches, selbstloses und einfühlsames Verhalten leisten. Sie wissen dann, daß »Du« und »Ich« im tiefsten Sinne eins sind. Damit bleiben Handlungen nicht auf das beschränkt, was »ich« will, und die Ergebnisse sind nicht an das gebunden, was »mir« widerfährt. Der Strom des Lebens umarmt jeden aus einem höheren göttlichen Zweck. Es gibt kaum etwas Wertvolleres, als seine Kinder zu lehren, auf diesen Strom zu achten und zu prüfen, ob ihr Leben in den Kosmos eingepaßt ist wie die einzelne Zelle in den Körper. Die Lektionen über die emotionale Intelligenz lassen sich weit über den Bereich der Gefühle hinaus auf das Gebiet sämtlicher Handlungen und Reaktionen erweitern.

Praktisch gesehen wollen wir an diesem Tag unsere unmittelbaren Reaktionen beobachten, um uns dann jedesmal zu fragen: »Ist das alles in dieser oder jener Situation?« Denken Sie einmal darüber nach, daß jede Situation mehr Aspekte enthält, als ein einzelner erkennen kann. Wie erleben andere Menschen die Situation? Wie hat sich zum Beispiel der Verlierer des Spiels gefühlt, bei dem unser Kind gewonnen hat? Wie fühlt sich unser Kind, wenn es von jemandem gekränkt worden ist? Machen Sie Ihren Kindern deutlich, daß Mitgefühl möglich wird, wenn man die Sache mit den Augen des anderen betrachtet. Durch den behutsamen Hinweis darauf, wie die Dinge ablaufen, können Sie das Karma sehr real und konkret werden lassen.

Gedanken zum Gesetz des Karma

In diesem Kosmos bleibt keine Schuld offen.

Gräme dich nicht über Verluste –
du kannst nur das Unwirkliche verlieren,
und wenn es fort ist, bleibt das Wirkliche zurück.

Wenn du dir Liebe und Glück erhoffst,
dann bemühe dich nach Kräften,
daß andere sie erfahren.

Wenn du nach einer guten oder schlechten Tat
kein unmittelbares Ergebnis sehen kannst,
dann sei geduldig und warte aufmerksam ab.

Viertes Gesetz

Mittwoch –
der Tag des geringsten Aufwands

Heute sagen wir unseren Kindern:
»Sag nicht nein – vertraue dich der Strömung an.«

An diesem Tag wollen wir uns als Eltern gemeinsam mit unseren Kindern mit folgenden Dingen beschäftigen:

1. Wir wollen das Spielerische in (mindestens einer) unserer Pflichten entdecken.

2. Wir wollen herausfinden, wie man wichtige Dinge mit weniger Aufwand erledigt.

3. Wir wollen darüber nachdenken, auf welche Weise uns die Natur geholfen hat.

Arbeite mit deinem Schicksal zusammen,
lehne dich nicht dagegen auf,
und lege ihm keine Hindernisse in den Weg.
Laß zu, daß es sich erfüllt.
NISARGADATTA MAHARAJ

Der schlichte Satz »Vertraue dich der Strömung an« ist in spiritueller Hinsicht außerordentlich wichtig. Von dem griechischen Philosophen Herakleitos stammt der Satz, das Leben sei wie ein Fluß – man kann von der gleichen Stelle aus nicht zweimal in den gleichen Fluß steigen. Das Dasein erneuert sich ständig, und doch versuchen wir, ihm mit alten Reaktionen zu begegnen. Wenn wir uns gegen etwas zur Wehr setzen – was im Grunde bedeutet, nein zu sagen –, versuchen wir meistens, einer neuen Situation alte Überzeugungen oder Gewohnheiten aufzuzwingen.

Das Gesetz des geringsten Aufwands lehrt uns, das Leben in seiner ständigen Erneuerung anzuerkennen, indem wir zulassen, daß es sich ohne Störungen entfaltet. Das bedeutet, im gegenwärtigen Augenblick zu leben, nach der Hilfe der Natur Ausschau zu halten und nicht länger andere Menschen oder etwas anderes als uns selbst zur Verantwortung zu ziehen. Im Strom des Lebens organisiert der Geist die Abermillionen von einzelnen Prozessen, die das Leben ausmachen – angefangen von den unendlich vielen Vorgängen, die notwendig sind, um auch nur eine einzige Zelle am Leben zu erhalten, bis hin zu den unermeßlichen Feinheiten des sich entwickelnden Universums. Durch die Verbindung mit dem Geist können wir uns von dieser kosmischen Organisationskraft tragen lassen und sie uns zunutze machen.

Für viele von uns ist das Konzept des geringsten Aufwands eine schwierige Vorstellung. Zwar bemüht sich unsere Technologie unentwegt darum, leistungsfähigere Maschinen zu entwickeln, um Arbeitskraft einzusparen, aber dieses Prinzip läßt sich nicht ohne weiteres auf die Menschen übertragen. Das größte Hindernis liegt in unserer Arbeitsmoral: Wir gehen wie selbstverständlich davon aus, daß mehr Arbeit auch mehr Lohn abwirft. Aber diese Vorstellung ist gleich in doppelter Hinsicht falsch. Zum einen arbeitet die Natur selbst mit dem geringstmöglichen Aufwand – nach den physikalischen Gesetzen verläuft jeder Prozeß, angefangen vom Spin eines Elektrons bis zur Rotation der Galaxien, mit möglichst wenig Energieaufwand und Widerstand. Zum anderen entwickelt sich der menschliche Fortschritt von jeher durch Ideen, Inspirationen und Wunschvorstellungen. Diese entstehen spontan. Wie hart auch immer man arbeitet – Geistesblitze, Wünsche, noch nicht einmal gute Ideen lassen sich erzwingen.

Erwachsenen fällt es außerordentlich schwer, sich der Strömung anzuvertrauen, für Kinder dagegen ist es das Natürlichste von der Welt. Bis zum Alter von sechs Jahren braucht man sie noch nicht einmal dazu anzuleiten – sie gehen unwillkürlich den Weg des geringsten Widerstands. Sie greifen nach allem, was sie haben wollen, sie sagen alles, was sie sagen möchten, und sie drücken Gefühle spontan und unmittelbar aus. Und ihre Hauptbeschäftigung ist nicht etwa zu arbeiten, sondern zu spielen. Ältere Kinder kann man allmählich mit den drei zusammenhängenden Vorstellungen vertraut machen: sich nicht zu sperren, keine Abwehr zu errichten und für das, was man tut, selbst die Verantwortung zu übernehmen. Es kommt wesentlich auf die *Akzeptanz* an, denn immer, wenn wir in Abwehrstellung gehen, vergeuden wir viel Kraft. Fehlende Abwehr und Akzeptanz gehören zusammen. Wer seinen Standpunkt verteidigen zu müssen glaubt, schafft Konflikte und ein Durcheinander – beides sind große Energieverschwender.

Nur wenige von uns können dem Drang widerstehen, ihren eigenen Kopf durchzusetzen. Das Gesetz des geringsten Aufwands zeigt uns, daß wir unsere Vorstellungen auch anders als durch Kontroversen und Konflikte verwirklichen können. Wir können uns dem Strom des Geistes anvertrauen, in dem Wissen, daß seine unerschöpfliche organisierende Kraft sich unserer Wünsche annehmen wird. Auf diese Weise sorgt das Gesetz des geringsten Aufwands für Zuversicht und Geduld.

Uns allen ist von klein auf beigebracht worden, daß der Weg zum Erfolg mit Kampf und Streit gepflastert sei. Tatsächlich ist es aber viel wichtiger, auf die eigenen Wünsche zu vertrauen. Wer glaubt, daß andere Menschen nur auf der Welt sind, um zu verhindern, daß wir das erreichen, was wir wollen, hat gar keine andere Wahl, als sich unentwegt zu verteidigen. Für ein Kind stellt es eine wertvolle Hilfe dar, wenn man ihm beibringt, daß es eine wunscherfüllende Kraft gibt, die weit über den Einfluß anderer Menschen hinausreicht.

Das dritte Element des Gesetzes vom geringsten Aufwand ist die Verantwortung. Man sollte seine Kinder also auch wissen lassen, daß Erfolg und Erfüllung von innen heraus kommen – und nur das Innere spielt eine Rolle. Jeder von uns ist selbst dafür verantwortlich, wie er sich fühlt, was er sich wünscht und wie er den Herausforderungen des Lebens begegnet. Wir werden unserer höchsten Verantwortung nicht dadurch gerecht, daß wir ein gewaltiges Arbeitspensum ableisten, sondern indem wir uns kreativ und mit Freude dem Werk des Geistes widmen. Das ist der einzige Weg zu einem Leben ohne Kampf und Streit.

Die drei Aufgaben für den Mittwoch bestehen darin, das Spielerische in unseren Pflichten zu entdecken, mit weniger Arbeit und Aufwand auszukommen und herauszufinden, auf welche Weise die Natur uns dabei hilft.

1. *Das Spielerische entdecken*

Die altindischen vedischen Schriften bezeichnen den Kosmos als *lila*, als Spiel der Götter – als ein entspannendes Universum also. Wenn Sie heute nur in einer einzigen Aufgabe das Spielerische entdecken, vermitteln Sie Ihren Kindern die göttliche Einstellung zur Arbeit. In den meisten Fällen wird es Ihnen als Eltern möglich sein, eine Aufgabe Ihres Kindes zum Spiel zu machen – sie brauchen nur den Druck herauszunehmen, der die entspannte Erledigung einer Pflicht verhindert, also die Ermahnungen, Drohungen, den Zeitdruck, das Einflößen von Schuldgefühlen und das Angebot von Geld und anderen Belohnungen für die Erledigung der Arbeit.

Unserer tief verwurzelten Arbeitsethik zum Trotz gibt es bestimmte spirituelle Wahrheiten, die die Arbeit betreffen:

Der Geist verurteilt uns nicht, wenn wir eine
Arbeit nicht geschafft haben.
Das Leben hängt nicht davon ab, ob etwas erledigt
wird oder nicht.
Arbeit ist keine Quelle des Glücks.
Unsere Einstellung zur Arbeit steht an erster
Stelle, nicht die Aufgabe selbst.

Folglich ist eine gut erledigte Aufgabe eine solche, die wartet, bis wir uns ihr entspannt und zufrieden widmen können. Das genaue Gegenteil dieser Einstellung ist Perfektionismus. Er beruht auf Angst und dem Bedürfnis nach Kontrolle. Dahinter verbirgt sich das heimliche Gefühl: »Ich werde zugrunde gehen, wenn ich diese Sache nicht genauso hinkriege, wie Gott es will« – aber damit wird Gott zum erbarmungslosen, nörgelnden Zuchtmeister gemacht.

In Wirklichkeit will Gott aber, daß wir an seinem Universum der Entspannung unsere Freude haben. Je früher Sie Ihren Kindern das Gefühl geben, daß das Leben Spaß machen darf, um so mehr steigern Sie die Chance auf ihren Erfolg. Erfolgreiche Menschen haben definitionsgemäß Freude an dem, was sie tun. Sie haben den einzigen Weg entdeckt, wie man sich »in der Zone« oder »im Strom« aufhalten kann, nämlich dadurch, daß sie sich entspannen. Entspannung ist die Voraussetzung für die Bewußtseinserweiterung, die es einem Menschen ermöglicht, seinen inneren Quell der Inspiration und Freude zum Sprudeln zu bringen.

Sobald Ihnen das klargeworden ist, sollten Sie Ihren Kindern entsprechende Beispiele liefern. Machen Sie alle möglichen Aufgaben – Staubsaugen, das Zimmer aufräumen, Rasenmähen – zu einem Spiel oder zu einer Quelle der Anregung. Beim Gang zur Mülltonne kann man ein Lied singen oder sich beim Geschirrspülen ein Gedicht ausdenken.

Spiele erfordern ein gewisses Maß an Erfindungsgabe: »Heute staubsaugen wir nicht einfach nur so, heute suchen wir Gespenster. Wußtest du schon, daß Gespenster vor dem Staubsauger Reißaus nehmen? Sie können ihn nicht ausstehen.« Nach dieser Ankündigung lassen Sie eines Ihrer Kinder das Gespenst spielen. Sobald sich das »Gespenst« versteckt hat, geht das andere Kind mit dem Staubsauger in das entsprechende Zimmer und versucht das Gespenst aufzustöbern, indem es unter dem Bett, im Schrank, hinter dem Sofa und so weiter staubsaugt. Wenn das Gespenst entdeckt worden ist, werden die Rollen getauscht, oder Sie spielen selbst das Gespenst für das nächste Zimmer. (Wenn Sie nur ein Kind haben, können Sie aus Papier ein Gespenst ausschneiden und irgendwo verstecken, wo es aufgespürt werden muß, oder Sie basteln fünf Gespenster, und es gibt einen Preis, wenn vier oder mehr Gespenster gefunden werden.)

Spiele zu erfinden ist eine wunderbare Möglichkeit, sich immer wieder daran zu erinnern, daß das Leben als Spiel angenommen werden soll, in dem sich das Spiel des Universums widerspiegelt. Das Heranwachsen kann ein stupider und sogar nervtötender Prozeß sein. Um dieser Tendenz entgegenzuwirken, entdecken Sie das Spielerische in Ihren Tätigkeiten und die Freude als Kernstück Ihrer Arbeit! Zeigen Sie den Kindern, wieviel Freude Sie an Ihrer Aufgabe haben, und hören Sie auf, sobald es Ihnen keinen Spaß mehr macht oder das Spiel langweilig wird. Eine wohlgeratene Arbeit schadet niemandem, aber eine Aufgabe, der man sich unter Kampf und Mühen wie einer Strafarbeit unterzieht, ist nicht wert, vollbracht zu werden. Die Negativität wird auch die Ergebnisse der Arbeit überschatten.

2. *Wieviel Aufwand ist nötig?*

Nehmen Sie sich mit der ganzen Familie ein paar Minuten Zeit, um darüber nachzudenken, wie man Mühen, Belastungen und Abnutzungserscheinungen verringern könnte. Sprechen Sie beim Abendessen über Situationen, in denen Lösungen aufgetaucht sind, die viel einfacher waren, als Sie es für möglich gehalten hätten. Das Ganze zielt darauf, eine Ansicht, mit der wir von allen Seiten konfrontiert werden, zu entkräften: daß nämlich das Leben ein Problem sei. Spirituell gesehen ist das Leben selbst nicht problematisch, nur unsere Einstellungen ihm gegenüber sind es. Ihre Kinder werden jeden Tag von Dutzenden von Leuten zu hören bekommen, daß die Dinge hart, zäh und schwierig seien und daß das Leben ein stetiger, wenn nicht gar aussichtsloser Kampf sei. (Wenn Sie bezweifeln, daß diese Ansichten schon Grundschülern eingebleut werden, brauchen Sie sich nur Interviews mit Dritt- und Viertkläßlern anzuhören. Die Kinder beklagen sich über den Leistungsdruck, der schon jetzt ihre Lebensfreude beeinträchtigt und sie zwingt, sich bereits in unglaublich jungen Jahren mit Streß auseinanderzusetzen.)

Manchmal kann die Arbeitsbelastung in einer konkreten Situation durch eine mechanische Lösung verringert werden – zum Beispiel kann man einen leistungsfähigeren Computer einsetzen, um ein technisches Problem zu lösen. In den meisten Fällen aber werden wir unsere Einstellung ändern müssen. Und nichts ist so effizient wie der Geist. Wenn Sie das Spirituelle zu Hilfe rufen können, sind Ihre Erfolgschancen größer als unter allen anderen Bedingungen. Der Geist ist die Fülle der Schöpferkraft – deshalb bedeutet das lateinische Wort »genius« auch »Geist«.

In der Praxis versichern Sie sich der Hilfe des Geistes auf folgende Weise:

- Seien Sie guter Dinge, wenn Sie arbeiten.
- Gehen Sie entspannt an Ihre Aufgabe heran.
- Meiden Sie körperliche Überanstrengung, und muten Sie sich keine extremen körperlichen Belastungen zu (zu lange aufbleiben, Überstunden machen, keine Pausen einlegen, Mahlzeiten übergehen, zu wenig trinken und so weiter).
- Meditieren Sie regelmäßig.
- Bitten Sie um Inspiration, und warten Sie geduldig, bis sich der richtige Gedanke einstellt.
- Sträuben Sie sich nicht gegen eine Veränderung Ihrer Situation.
- Versuchen Sie nicht, Ihren Kopf durchzusetzen.
- Glauben Sie nicht, Sie wüßten immer alles schon vorher.

Rufen Sie sich diese Punkte beim Abendessen regelmäßig ins Bewußtsein, damit sich diese Haltungen, die Sie ja auch an Ihre Kinder weitergeben wollen, bei Ihnen selbst festigen.

3. *Wie die Natur uns unterstützt*

Wenn uns der Geist – oder die Natur – bei einer Aufgabe zu Hilfe kommt, geschieht das oft unbemerkt und in aller Stille. Deshalb sollten die Kinder so früh wie möglich lernen, darauf zu achten. Mit Fragen wie »Hast du heute eine neue Idee gehabt?« oder »Warst du nicht überrascht, wie einfach das ging, und du hast es doch für so schwierig gehalten?« können Sie das Gespräch eröffnen und später eigene Beispiele zu diesem Thema erzählen. Das Augenmerk sollte auf kreativen Lösungen liegen, die Sie – so simpel sie auch klingen mögen – inspiriert haben. Wenn Sie eine solche Haltung bei Ihren Kindern von klein auf fördern, bahnen Sie der Inspiration in der Zukunft den Weg.

Gedanken zum Gesetz des geringsten Aufwands

Scheuen Sie keine Mühe,
Ihr Leben zu organisieren, aber denken Sie
immer daran:
Der eigentliche Organisator ist die Natur.

Versuchen Sie nicht, den Fluß zu lenken.

Wenn die Natur am produktivsten
und am kreativsten ist,
arbeitet sie nicht … sie spielt.

Die beste Arbeit geht uns mühelos von der Hand.

Sich gegen das Leben zu stemmen,
hat letztlich niemals Erfolg.

Lassen Sie zu, daß der Geist
Sie mit seinen Gaben beschenkt.

Fünftes Gesetz

Donnerstag – der Tag von Absicht und Wunsch

Heute sagen wir unseren Kindern:
»Immer wenn du dir etwas wünschst oder etwas begehrst, pflanzt du ein Samenkorn ein.«

An diesem Tag wollen wir uns als Eltern gemeinsam mit unseren Kindern mit folgenden Dingen beschäftigen:

1. Wir wollen all unsere Wünsche für diese Woche genau aufschreiben.

2. Wir wollen unsere Wünsche loslassen, damit die Natur sie erfüllt.

3. Wir wollen den gegenwärtigen Moment aufmerksam erleben, in dem sich jegliche Erfüllung vollzieht.

Bedenke gut, woran du dein Herz hängst,
denn du wirst es mit Sicherheit bekommen.
RALPH WALDO EMERSON

Der Kern des Erfolgs ist die Fähigkeit, unsere Wünsche Wirklichkeit werden zu lassen. Wir alle haben sie in unserer Kindheit erworben. Wünsche und Sehnsüchte sind ein schwieriges Thema, bei dem im Hintergrund viele heimliche Skrupel mitschwingen: Was steht uns eigentlich zu? Wie gut sind wir in Wirklichkeit? Will Gott überhaupt, daß wir Erfolg haben? und so weiter. Die Zahl der Fragen ist in der Tat so groß, daß keine Mutter und kein Vater sie alle im voraus beantworten kann. Erfolg und Mißerfolg sind extrem persönliche Erfahrungen, denn sie sind eng damit verknüpft, was wir tief innerlich über uns selbst denken. Aus diesem Grund möchten alle Eltern ihren Kindern für die zahllosen Erfolgs- und Mißerfolgserlebnisse, die auf sie zukommen, ein möglichst starkes Fundament an Selbstbewußtsein mitgeben.

In spirituellem Sinn ist Begehren niemals etwas Negatives, denn wir sind als Geschöpfe des Begehrens auf die Welt gekommen. Wenn wir uns nichts wünschen würden, fehlte uns auch der Wille zu wachsen. Andere Geschöpfe brauchen diesen Willen nicht, denn das Wachstum ist bei ihnen genetisch bedingt. Beim Menschen jedoch führt der Wille zu wachsen den Geist zu dem unerschöpflichen Quell der Liebe, des Friedens und der Kraft, der das eigentliche Ziel unseres Lebens darstellt.

Kinder müssen lernen, daß das Begehren der Weg zu Gott ist und daß Vorsätze das wichtigste Werkzeug auf diesem Weg sind. Was wir bekommen, hängt von dem ab, was wir uns vornehmen. Auch wenn es paradox klingt: Damit unsere Zukunft uns überraschen kann, brauchen wir eine Vision von ihr, denn ohne Vision versinkt unser Leben in Ritualen und Wiederholungen. Eine Zukunft, die lediglich eine Neuauflage unserer Gegenwart ist, kann uns niemals überraschen.

Der spirituelle Prozeß, der unsere Wünsche Wirklichkeit werden läßt, taucht nicht so spontan auf wie das Begehren selbst. Wir müssen ihn erlernen. Ein Mangel an Erfolg beruht grundsätzlich auf geistiger Verwirrung. Wem die tiefe innere Widersprüchlichkeit seiner Sehnsüchte entgeht, der richtet unsinnige und gegensätzliche Botschaften an den Kosmos. Ein notorischer Versager, der sich nach Reichtum sehnt, aber keine Eigenverantwortung übernehmen will, gibt einen widersinnigen Befehl in den kosmischen Computer ein – was der Betreffende meist überhaupt nicht realisiert. Hier bestehen zwei gegensätzliche Wünsche nebeneinander: »Ich möchte reich sein« und »Ich möchte meine Situation weiterhin mit Scheuklappen betrachten.« Aus mangelnder Bewußtheit wird die Schuld einer anderen Person oder widrigen Umständen zugeschoben, während die Natur in Wirklichkeit auf jeden der beiden Wünsche geantwortet hat. Nur waren die Wünsche kraftlos, ziellos und standen in Widerspruch zueinander.

Sich darüber klar zu werden, was man eigentlich will, ist als erster Schritt auf dem Weg zur Wunscherfüllung derart selbstverständlich, daß man sich nur wundern kann, wie viele Menschen ihn ignorieren. Ihre Kinder haben vielschichtige Wünsche, deren sie sich vermutlich nicht bewußt sind – wie Erwachsene auch. Wunschvorstellungen sind häufig nicht klar und deutlich, und sie entstehen selten von allein. Phantasien, Träume, Illusionen und Projektionen mischen sich hinein. Etwas zu begehren ist außerdem ein Prozeß, der in einer steten Abfolge von sich überschneidenden Wellen auf uns zurollt. Wir alle sind mit großen Wunschprojekten beschäftigt, die Monate und Jahre dauern können. Darüber hinaus haben wir aber auch kleinere Wünsche, die sich innerhalb von ein paar Tagen, Stunden oder Minuten erfüllen lassen.

Je genauer Ihre Kinder mit ihren Wünschen und Absichten umzugehen lernen, desto leichter werden sie Ordnung in ihr Leben bringen können, denn Ordnung fängt im Kopf an.

Der Donnerstag mit Ihren Kindern

Bei den drei Übungen für den Donnerstag geht es darum, den Prozeß der Wunscherfüllung zu verstehen: Der Wunsch wird möglichst eindeutig ausgedrückt und aufgeschrieben, wird dann in der Zuversicht, daß der Mechanismus der Schöpfungskraft uns ein Ergebnis bringt, an den Kosmos »abgegeben«, und schließlich konzentrieren wir unsere Aufmerksamkeit auf den gegenwärtigen Augenblick, in dem sich alle Resultate verwirklichen.

1. *Die Wünsche aufschreiben*
Heute schreibt jedes Familienmitglied seine Wünsche für die kommende Woche auf und hängt die Liste an den Kühlschrank. (Damit können Sie bei Kindern ab neun oder zehn Jahren beginnen. Kleinere Kinder würden vermutlich glauben, sie hätten einen Wunschzettel ans Christkind geschrieben – sie können die Wirkungsweise von Vorsätzen noch nicht verstehen.)

Helfen Sie Ihren Kindern bei der Aufstellung der Liste mit geeigneten Fragen wie »Was wünschst du dir für die kommende Woche am meisten?« oder »Was wünschst du dir für jemand anderen am meisten?« oder »Was soll nach deinem Wunsch an deiner Schule passieren?« Versuchen Sie zu verhindern, daß die Liste lediglich eine Wunschliste für allerlei neue Sachen wird – wie ein Fahrrad oder ein Computerspiel.

Erklären Sie Ihren Kindern, daß der Kosmos uns unentwegt einen Strom von Ergebnissen und Belohnungen zuträgt, die auf unsere Wünsche und Bedürfnisse zurückgehen. Etwas zu wünschen oder zu begehren ist wie ein Samenkorn, und die Ereignisse, die uns begegnen, sind die Sprößlinge. Manche Samen brauchen lange, um zu sprießen – wenn ein Kind sich zum Beispiel für das Klavierspielen begeistert, kann es ein Samenkorn einpflanzen, das ein Leben lang wächst. Jeder von uns beschäftigt sich mit großen und mit kleinen Wünschen. Sie können nicht alle sofort in Erfüllung gehen. Jeder Wunsch wird zu einem bestimmten Zeitpunkt reif, und er verwirklicht sich auf seine eigene Art und Weise.

Ermutigen Sie Ihre Kinder dazu, Glück und Erfüllung, ein Leben ohne Mühsal und Konflikte und anderen geistigen Lohn ganz obenan auf die Wunschliste zu setzen. Aber fördern Sie auch das Wachstum solcher Samenkörner, die uns auf allen Gebieten nützlich sein können – eine gesellige Ader, ein besonderes Geschick, in der Schule oder in persönlichen Beziehungen zurechtzukommen, nicht schüchtern zu sein oder eine besondere Begabung für eine bestimmte Sportart oder ein bestimmtes Fach zu haben.

Aber was ist nun mit den kleineren Kindern, die sich noch keine Listen anlegen oder Wünsche zu abstrakten Vorsätzen umformulieren können? Hier sollten Sie es mit einem konkreten Beispiel versuchen: Lassen Sie einen Bohnenkern zwischen zwei feuchten Löschblättern keimen und demonstrieren Sie den Kleinen das Wunder der Keimbildung. Pflanzen sie den Sprößling dann in einen Blumentopf, und erklären Sie den Kindern, daß sie, wenn sie wollen, daß er wächst, mithelfen müssen, ihn zu gießen und zu pflegen. Das Sinnbild des Samenkorns ist für jede Altersstufe geeignet, weil es in unmittelbarer Beziehung zur Wirkungsweise der Natur steht.

2. *Die Wünsche der Natur übergeben*

Daß man eigene Wünsche loslassen soll, ist für Kinder nicht ganz leicht zu verstehen, besonders dann, wenn sie sich angewöhnt haben, ihre Eltern als Quelle für alle Dinge zu sehen, die sie haben möchten. Angesichts von Kindern, die ihnen pausenlos etwas abzubetteln versuchen, würden viele Eltern es allerdings entsetzt ablehnen, wenn sie ihnen beibringen sollten, noch mehr zu verlangen. Es geht aber hier darum, das Wünschen *wirksamer* zu machen. Dazu gehört, daß man einen Wunsch an den Kosmos abgibt, denn es liegt nicht in der Macht des einzelnen

Menschen, seine Wünsche und Bedürfnisse Wirklichkeit werden zu lassen.

Der Erfolg kommt aus jeder beliebigen Richtung auf uns zu.

Wenn Sie das erkannt haben, können Sie Ihre Kinder mit dem Prinzip der ruhigen Erwartung vertraut machen. Es bedeutet folgendes: Sobald Sie wissen, was Sie wollen, nehmen Sie eine entspannte Haltung ein. Oberflächliche und simple Wünsche werden einfach wegfallen, aber die aufrichtigen und tiefen Wünsche werden von der Natur genährt. Sagen Sie Ihren Kindern, daß Wünsche sich rascher erfüllen, wenn man sie im Herzen bewahrt und nicht unentwegt über sie redet oder entsprechende Ansprüche an andere stellt.

3. ***Im Hier und Jetzt leben***

In jedem beliebigen Moment eines Tages findet irgendein Wunsch seine Erfüllung. Alte Samenkörner, die wir einmal eingepflanzt (und möglicherweise vergessen) haben, tragen Früchte, die sich mit einer heranreifenden, noch größeren Ernte vermischen. Es kommt darauf an, in den Kindern ein Bewußtsein dafür zu wecken, daß der Kosmos (oder der Geist oder Gott) uns jederzeit zuhört – keiner von uns ist allein. Es wacht immer jemand über uns.

Die Aufmerksamkeit für die Antwort des Universums kann leicht durch einen Blick auf die Liste am Kühlschrank wachgehalten werden. Fordern Sie Ihre Kinder auf zu erzählen, in welcher Weise sich die einzelnen Wünsche im Lauf der Woche verwirklicht haben. Mit einer Frage wie »Hast du heute etwas besonders Schönes erlebt?« können Sie beginnen und dann darüber sprechen, inwiefern die Antwort zur Wunschliste des Kindes paßt.

Die aufmerksame Wahrnehmung der Gegenwart ist der fruchtbare Boden, auf dem die Erfüllung der Wünsche gedeiht.

Die meisten Wünsche erfüllen sich in vielen kleinen Schritten, und nicht auf einen Schlag. Das gilt besonders für jene Samenkörner, die, einmal eingepflanzt, Jahr für Jahr weiterwachsen. Jeder Schritt der Wunscherfüllung geschieht nach der angemessenen Zeit und im angemessenen Augenblick. Um das Ergebnis unserer Wünsche entgegenzunehmen, müssen wir deshalb jeden Moment wachsam verfolgen.

Ein einfaches Beispiel dafür ist das Glück. Jeder möchte glücklich sein, aber viele Leute erwarten eine Art Erweckungserlebnis oder einen plötzlichen Freudentaumel, die von da an nie wieder abklingen. Aber wahres Glück ist anders. Es ist ein Zustand des Wohlbefindens, auf den man bewußt achten muß, weil er sich sonst unbemerkt verliert oder in den Dingen um uns herum untergeht, die unser Glück (oder Unglück) auszumachen scheinen. Die Wachheit für den gegenwärtigen Augenblick richtet sich also auf unser Inneres. Wer die Erfüllung der Wünsche außerhalb seiner selbst sucht, wird den eigentlichen Kern der Befriedigung verfehlen.

Kleinen Kindern fehlt oft der lange Atem, um einen Wunsch von dem Moment seiner Entstehung bis zu seiner Erfüllung zu verfolgen. Dennoch kann man sie lehren, daß es nicht in Ansprüche, Quengelei und beleidigtes Getue ausarten muß, wenn die Erfüllung eines Wunsches auf sich warten läßt. Mit der Aufmerksamkeit für das, was Ihr Kind braucht und möchte, übernehmen Sie als Eltern in diesem frühen Stadium die Rolle der Natur. Wenn Kinder darauf vertrauen können, daß ihre Eltern wissen, was sie brauchen, und wenn sie sicher sind, daß ihren Bedürfnissen Rechnung getragen wird, haben sie eine gute Ausgangsposition gewonnen, um sich später der Natur anzuvertrauen.

Etwas ältere Kinder können schon über einen längeren Zeitraum hinweg genau beobachten. Sie können lernen, daß das Wünschen ein Mechanismus ist, der in unserem Herzen wurzelt, und daß man den Wünschen nicht draußen in der Welt nachzujagen braucht. Unsere Wünsche schlagen einen natürlichen Weg ein – sie sorgen dafür, daß wir uns für die Dinge anstrengen, die uns die größte Befriedigung gewähren und die unseren Talenten und Fähigkeiten entsprechen. Das Wünschen wird so zu seinem eigenen Lehrmeister, der dem Kind zeigt, wie man sich von seiner inneren Stimme leiten läßt.

»Ist das etwas, was du wirklich willst?« – diese Frage spielt unser Leben lang eine Rolle. Man sollte sie Kindern ab dem Ende des Grundschulalters stellen. Lautet die Antwort »ja«, dürfen wir dem Kind sagen, daß sein Wunsch auch vor Gott Bestand hat. Reine, klare und zielgerichtete Wünsche, die im Interesse des persönlichen geistigen Wachstums sind, befinden sich in Einklang mit den Absichten Gottes. Wenn Wünsche sich nicht erfüllen, mangelt es ihnen an dieser Voraussetzung – oder sie brauchen einfach noch Zeit.

Gedanken zum Gesetz von Absicht und Wunsch

Halte die guten Dinge,
die du dir wünschst, in Ehren,denn sehnliche
Wünsche sind der Weg zu Gott.

Was heute eine freudige Überraschung ist,
war gestern noch das Samenkorn einer Absicht.

Der Geist kann keinen Wunsch erfüllen,
den wir nicht vorher an ihn abgegeben haben.

So eindeutig, klar und rein
wie unsere Absicht wird auch das Ergebnis sein,
das wir erhalten.

Sechstes Gesetz

Freitag – der Tag des Loslassens

Heute sagen wir unseren Kindern:
»Genieße die Reise.«

Gemeinsam mit unseren Kindern wollen wir uns als Eltern an diesem Tag mit folgenden Dingen beschäftigen:

1. Wir wollen mit ihnen über das »wahre Ich« sprechen.

2. Wir wollen ihnen zeigen, daß Unsicherheit auch ihre guten Seiten hat – niemand kann immer auf alles eine Antwort wissen.

3. Wir wollen ihnen beibringen, sich angesichts von Gewinn und Verlust ausgeglichen zu fühlen.

Das ganze Leben ist ein Experiment.
Je mehr wir experimentieren, desto besser.
RALPH WALDO EMERSON

»Genieße die Reise!« ist die positive Formulierung einer Vorstellung, die in unserer Gesellschaft nicht sehr beliebt ist. Manchen Worten wird in verschiedenen Kulturen auch ein anderer Wert beigemessen, und dafür gibt es kaum ein besseres Beispiel als den Begriff »innerer Abstand«. Über Jahrtausende hinweg wurde die emotionale Distanz – besonders im asiatischen Bereich – durchaus positiv gesehen. Man verstand darunter die Fähigkeit, das Glück jenseits des Wechselspiels von Lust und Schmerz zu finden. Im abendländischen Kulturkreis jedoch, wo man auf die Jagd nach materiellen Gütern fixiert ist, hat dieser Begriff einen negativen Beiklang, in dem etwas von Gleichgültigkeit, Untätigkeit und Desinteresse mitschwingt.

Natürlich kann die asiatische Geisteshaltung auch in Fatalismus und einen Mangel an Initiative abgleiten. Im eigentlichen Sinne bedeutet aber die Fähigkeit, inneren Abstand zu wahren, intensives Engagement und Kreativität, wobei allerdings die Resultate gelassen angenommen werden. Und beides ist notwendig für unser Glück: Leidenschaftliches Engagement schenkt uns das Glück, unsere Kreativität einsetzen zu können. Das gelassene Annehmen trägt der Erkenntnis Rechnung, daß alle Ergebnisse vom Kosmos abhängen und nicht von unserem begrenzten Ego. Ein weiser Mensch wahrt den inneren Abstand zum Drama der materiellen Welt. Er konzentriert sich statt dessen auf die Quelle, aus der alle Dualitäten wie Licht und Dunkel, Gut und Böse, Lust und Schmerz in Wahrheit stammen.

Das Prinzip des inneren Abstands steht dermaßen im Widerspruch zu unseren kulturbedingten Selbstverständlichkeiten, daß es nicht einfach zu vermitteln ist. Lassen Sie uns mit dem beginnen, was es *nicht* ist. Emotionale Distanz bedeutet nicht

- zu sagen, daß uns etwas gleichgültig ist.
- zu behaupten, etwas ginge uns nichts an, wenn es uns doch angeht.
- sich über die Bedürfnisse und Gefühle anderer Menschen hinwegzusetzen.
- beständig nur Ausschau danach zu halten, was gerade die Nummer eins ist.

Wenn man Kindern beibringt, solche Verhaltensweisen zu vermeiden, führt man sie auf den Weg zur Wahrung des inneren Abstands. Die meiste Zeit über sind wir versucht, uns an irgend etwas zu klammern, ein Zustand, der immer an den Etiketten »Ich« oder »mein« erkennbar wird. Aber es ist das Ergebnis von Angst, wenn ich mich an meine Belange, meinen Job, meine Überzeugungen, meinen Stolz und so weiter klammere. Wir haben Angst, das Universum sei kalt und gleichgültig, und deshalb konzentrieren wir all unsere Energien rund um dieses »Ich«, das uns vermeintlich Schutz gewährt.

Genau diese Verengung auf das Ego verhindert jedoch die freie Entfaltung, durch die wir Verbindung mit dem Geist aufnehmen können. Dieser Zusammenhang wird oft als der Unterschied zwischen dem Selbst und dem höheren Selbst beschrieben. Das Selbst ist das isolierte Ego, das sich an seine kleine Wirklichkeit klammert, das höhere Selbst jedoch ist unbeschränkter Geist, der keinen Rückhalt und keine Stütze braucht.

Innerer Abstand bedeutet, aus dem höheren Selbst zu leben, und nicht aus dem Selbst.

Die Kindheit ist die entscheidende Zeit, um mit dem höheren Selbst vertraut zu werden, denn in dieser Phase entwickelt sich allmählich das Ego mit all seinen Bedürfnissen und Ängsten. Wenn sich ein Kind seinem Ego einfach unterwirft, setzt sich die gesamte Illusion des »Ich, mir und mein« bei ihm fest, und es wird sowohl schmerzhaft als auch schwierig werden, sich als Erwachsene wieder davon zu lösen. Das Ego muß durch die Vorstellung gemäßigt werden, daß »Ich« nicht gleichbedeutend sein muß mit Ego. Das Ichbewußtsein kann auch ein Gefühl des Einsseins mit dem Feld aller Möglichkeiten bedeuten – man hat das als kosmisches Ego bezeichnet. Wenn Sie also Ihren Kindern die Haltung des inneren Abstands vermitteln, laden Sie sie gleichzeitig dazu ein, sich mit Ihnen in den kosmischen Reigen einzureihen.

Innerer Abstand ist der Blickwinkel, der uns erlaubt, unsere Lebensreise zu genießen. Die Freude daran ist entscheidend für den Erfolg.

Ich möchte noch ein paar Gedanken zum Konzept des »distanzierten Engagements« ausführen. Ich verstehe darunter, sich mit ungebremstem Enthusiasmus auf alles zu stürzen, was man tut, ohne jedoch zu erwarten, das man die Kontrolle über das Ergebnis hat. Unsere Verantwortung beschränkt sich auf unser Handeln – was dabei herauskommt, bleibt dem Geist überlassen. Kleine Kinder sind mit dieser Vorstellung überfordert, denn sie enthält scheinbar einen Widerspruch: Wie kann man gleichzeitig inneren Abstand wahren und doch in höchstem Maße engagiert sein?

Die Antwort kann nur im Feld des Seins liegen. Wenn man sich selbst als eins mit dem Geist fühlt, dann spürt man, daß das eigene Handeln zu einem höheren Plan gehört. Dieser höhere Plan – wir können ihn den Plan Gottes nennen – liegt jenseits des rationalen menschlichen Auffassungsvermögens. Mit der Haltung des inneren Abstands zeigen wir, daß wir den höheren Plan in Gottes Händen gut aufgehoben wissen, und unser Engagement bringt zum Ausdruck, daß wir an dem Plan mitwirken möchten. Kann etwas zu größerer Leidenschaft anstacheln, als ein Mitschöpfer an der Seite Gottes sein zu dürfen?

Mit dieser Vorstellung eng verwandt ist das Konzept der Weisheit der Ungewißheit. Das Ego reagiert auf Unsicherheit mit Angst, denn es möchte die Realität kontrollieren. Ein Universum, das sich unaufhörlich bewegt und verändert, muß jedoch aus der Perspektive des inneren Abstands stets etwas Ungewisses bleiben. Wenn alle Dinge gewiß wären, gäbe es keine Kreativität. Der Geist verwirklicht sich daher in Überraschungen und unerwarteten Ergebnissen.

Auf den ersten Blick scheint diese göttliche Vorliebe für die Ungewißheit dem Gesetz des Karma zu widersprechen, nach dem sich doch alles im Rahmen von Ursache und Wirkung vollzieht. Aber Karma ist eben nicht die letzte Wirklichkeit, sondern nur der Mechanismus, mit dem die Dinge in der relativen Welt funktionieren. Die letzte Wirklichkeit ist die Entfaltung der göttlichen Schöpferkraft. Wie schon angesprochen ist der Kosmos eigentlich ein Universum der Entspannung – der Spielplatz Gottes. Je mehr wir uns dessen bewußt werden, desto besser können wir an diesem Spiel teilnehmen und furchtlos der Entwicklung der Dinge entgegensehen. Unseren Seelenfrieden können wir nur erlangen, wenn wir die Weisheit der Ungewißheit akzeptieren.

Wenn der Kosmos ungewiß ist – was uns die berühmte Heisenbergsche Unschärferelation versichert –, dann ist alles möglich. Feststehende Ergebnisse mögen zwar unser Gefühl beruhigen, aber eine vollkommene Fixierung wäre gleichbedeutend mit dem Tod. Spirituell gesehen ist der Tod keine Auslöschung. Er ist eine Erstarrung des Lebens, Energie, die an einem Ort festgehalten wird, anstatt in ihren nächsten Zweck in Gottes Plan einzufließen. Eine vollständige Sicht des Lebens muß auch die Einsicht umfassen, daß alles und jedes geschehen kann und soll. Unsere Rolle besteht darin, für Ungewißheit und Überraschungen offen zu bleiben.

Der Freitag mit Ihren Kindern

Bei den drei Dingen, die wir am Freitag in den Vordergrund stellen wollen, geht es darum, die Welt mit einem größeren inneren Abstand zu sehen: zu erkennen, daß unser »wahres Ich« geistiger Natur ist, zu akzeptieren, daß Ungewißheit etwas Unvermeidliches ist, vor dem wir uns nicht zu fürchten brauchen, und Gewinn und Verlust gelassen anzunehmen.

Dies ist nur ein Anfang – mit der geistigen Reife wächst auf allen Ebenen zugleich auch der innere Abstand. Altruismus und Mitgefühl sind das natürliche Ergebnis dieser Haltung, ebenso wie der Dienst an den Mitmenschen. Wenn Bescheidenheit an die Stelle von Stolz tritt, ist das eine Frucht des inneren Abstands. Das gleiche gilt für den Zustand, den Christus »in dieser Welt, aber nicht von dieser Welt zu sein« genannt hat. Ich bezeichne den inneren Abstand am liebsten als eine Haltung, die uns zu Bürgern des Universums macht. All diese Gedanken sind in den einfachen Lektionen für den heutigen Tag enthalten.

1. *Das »wahre Ich«*

Das »wahre Ich« ist in jedem Alter ein faszinierendes Thema. Kinder haben schon immer eine Vorliebe für das Jenseitige gehabt. Fast von der Wiege an werden ihnen Geschichten von Gott, dem Himmel und den Engeln erzählt. Märchen lassen eine ähnliche Welt entstehen. Obwohl die Kinder diese als imaginär erkennen, ist sie für sie weitaus realer als ihre konkrete Umwelt. Wer sich darüber klar ist, kann sich mit seinen Kindern auf verständliche Weise über das höhere Selbst unterhalten.

Geschichten wie zum Beispiel die folgende eignen sich gut für kleine Kinder: »Jeder hat einen unsichtbaren Freund, der bei allem, was wir tun, auf uns aufpaßt. Du hast auch so einen Freund, und deine Geschwister und Mama und Papa haben auch einen. Der liebe Gott hat ihn dir geschickt. Dein Freund ist nicht oben im Himmel wie die Engel, sondern ganz nah bei dir, in deinem Herzen. Weißt du, wie dein Freund heißt? Er heißt genauso wie du, denn eigentlich ist er ein Teil von dir. Wenn du deine Spielsachen magst oder auch mich oder sonst jemand, dann hilft dir dein Freund zu spüren, wie sehr du uns und das alles magst. Deshalb mußt du auch auf der Hut sein, wenn du zornig oder traurig bist. Mach die Augen zu, und bitte deinen Freund, er soll dich daran erinnern, wie sehr wir dich alle lieben und daß du dich deshalb auch immer selbst liebhaben mußt. Dein unsichtbarer Freund ist dazu da, dir das zu sagen. Immer ist er dazu da.«

Die Seele eines Menschen ist das höhere Selbst, das auf alle Geschehnisse dieser Welt in vollkommenem Frieden und mit vollkommener Freude herabsieht. Es ist unsere Verbindung zu Gott und zum Himmel (falls Sie diese Begriffe vorziehen) oder zum Feld der absoluten Möglichkeit. Ihr höheres Selbst ist niemals gekränkt oder verwirrt. Es liebt Sie immer und ist Ihnen stets nahe. Kinder empfinden es als beruhigend, von diesen Dingen zu hören, auch wenn noch lange Zeit vergehen wird, bis sie fest daran glauben.

Die vollkommene Identifikation mit dem höheren Selbst setzt eine lange Meditationspraxis voraus, denn es offenbart sich nur aus der Stille des inneren Bewußtseins. Ganz allmählich werden Sie merken, daß das höhere Selbst nicht nur in Ihrem Inneren ist – es durchdringt alles, was existiert. Unser kleines Ego-Selbst ist nicht in der Lage, das Leben in seiner ganzen unendlichen Vielschichtigkeit zu erfassen. Die Wirklichkeit läßt sich nicht der Kontrolle unseres Ego unterwerfen, so verzweifelt man sich auch bemühen mag, das Gegenteil zu glauben. Das höhere Selbst organisiert die Realität durch Zuschauen, Zulassen, Annehmen und letztendlich durch sein Einswerden mit der kosmischen Intelligenz, die die gesamte Wirklichkeit bis hinab ins winzigste Detail organisiert.

2. *Die Weisheit der Ungewißheit*

Es ist immer ein Balanceakt, wenn man seinen Kindern eine gewisse Sicherheit geben und ihnen gleichzeitig klarmachen will, daß die Wirklichkeit sehr unsicher sein kann. Vor diesem Dilemma stehen alle Eltern. Meist haben sie ein banges Gefühl und sind besorgt, sie könnten auf der einen oder auf der anderen Seite zuviel des Guten tun, indem sie entweder ihre Kinder in trügerischer Sicherheit wiegen oder mit ihren Warnungen vor Gefahr und Risiko zu weit gehen.

Damit wir uns in einer sich wandelnden und unvorhersehbaren Welt sicher fühlen können, müssen wir diese beiden gegensätzlichen Ansätze miteinander versöhnen. Unsicherheit kann man nicht beiseite wünschen. Aus diesem Grund ist es äußerst nützlich, sich darauf einzustellen und zu erkennen, daß in der Unsicherheit Weisheit liegt – die Weisheit eines Schöpfers, der die Wirklichkeit frisch, neu und in einer stetig zum Ziel der Erfüllung strebenden Bewegung erhalten möchte.

Wie können wir das einem Kind begreiflich machen? Kleine Kinder lieben Überraschungen, und heute ist der Tag, an dem wir unserer Freude an der Überraschung der Kinder freien Lauf lassen wollen. Unerwartete kleine »Extrawürste« machen dem Gebenden ebensoviel Spaß wie dem Empfänger und bedürfen keiner weiteren Rechtfertigung als »Ich möchte es heute einfach einmal anders machen« – denn das ist letztendlich der einzige Grund, den Gott braucht.

Wenn die Kinder älter werden, kann die Ungewißheit als Problem erscheinen: Die Welt verändert sich, und es ist nicht ganz einfach, damit zurechtzukommen. Es ist wichtig, daß Sie Ihren Kindern beibringen, loszulassen und die Veränderungen, wie sie kommen, mit Freude zu erleben. Auch die direkte Konfrontation mit den heimlichen Ängsten spielt eine große Rolle. Kinder, die fünf Jahre oder älter sind, kann man schon einmal fragen, ob ihnen etwas Neues angst macht. Leiten Sie das Gespräch mit einer einfachen Frage ein wie »Ich weiß, du hast das noch nie gemacht – hast du ein bißchen Angst davor?«

An diesem Tag können Sie sich auch ins Gedächtnis rufen, daß Sie sich vor den Kindern nicht so verhalten wollen, als wüßten Sie alles – als ob Erwachsensein hieße, daß alle Fragen beantwortet seien. Autorität wirkt aber auch beruhigend auf Kinder, deshalb braucht man hierbei ein bißchen Fingerspitzengefühl. Sie sollten Ihrer Unsicherheit einen positiven Ausdruck geben. Sagen Sie nicht: »Ich weiß darauf keine Antwort.« Betonen Sie statt dessen, daß es immer viele Antworten gibt und daß es im Leben Spaß macht herauszufinden, wieviel es noch zu lernen gibt, unabhängig davon, wieviel man schon weiß.

3. *Gewinn und Verlust annehmen*

Niemand mag es, Dinge zu verlieren, ganz gleich, was es ist. Kinder sind über den Tod eines Haustieres oder den Verlust eines Spielzeugs ebenso traurig wie Erwachsene über den Tod eines engen Freundes oder den Verlust des Arbeitsplatzes. Der Schmerz über den Verlust entsteht aus Erwartungen – wir nehmen an, daß es uns glücklicher macht, etwas zu haben, und unglücklicher, es nicht zu haben. Obwohl es zahllose belehrende Geschichten darüber gibt, daß man sich Glück mit Geld nicht kaufen kann, setzen wir alle

Reichtum und Besitz noch immer gleich mit Wohlergehen.

Sie können schon früh damit beginnen, Ihren Kindern einen anderen Weg aufzuzeigen, nämlich das Glück im eigenen Inneren und nicht in äußerlichen Dingen zu suchen. An dieser Stelle kommt die Lektion über Gewinn und Verlust ins Spiel. Einen Verlust nur auf der materiellen Ebene zu besprechen, ist für ein Kind unbefriedigend. Wenn man sagt: »Du brauchst nicht zu weinen, ich kaufe dir eine neue Puppe«, ist das ebenso kurzsichtig wie das Gegenteil: »Du bist selber schuld, wenn du deine Puppe verlierst. Du bekommst keine neue!«

Beide Aussagen setzen voraus, daß die Puppe die Quelle des Glücks sei. Man steht vor der Entscheidung, ob man etwas Verlorengegangenes ersetzen soll oder nicht. Aus einem höheren Blickwinkel betrachtet, kommt es auf die Puppe überhaupt nicht an. Geben Sie Ihren Kindern – unabhängig davon, was sie haben oder nicht haben – das Gefühl der Sicherheit und der Liebe. Auf diese Weise kann ein Verlust das Empfinden stärken, daß das »wahre Ich« in Ordnung ist, gleichgültig, was geschieht. Lassen Sie den Kummer über den Verlust ruhig zu – man soll sich dem Ausdruck von Gefühlen nicht in den Weg stellen –, aber äußern Sie sich nüchtern und sachlich: »Ich weiß, daß du jetzt traurig bist, aber es war doch nur eine Sache, und du bist doch aus viel wichtigeren

Gründen auf der Welt als für die Dinge, die du besitzt oder nicht.«

Was sind das für Gründe? Wenn sich nach einer schwierigen Situation der Sturm der Gefühle wieder gelegt hat, können Sie vielleicht etwas sagen wie:

»Du bist hier, um etwas Besonderes zu sein, und du bist etwas Besonderes.«
»Du bist hier, damit du ganz viele Dinge herausfinden kannst.«
»Du bist hier, damit Mama und Papa dich lieben und für dich sorgen können.«
»Du bist hier, damit du dich selber auf jede mögliche Weise glücklich machen kannst.«

Jeder dieser Sätze dreht sich um die Vorstellung, daß »ich« einzigartig und schöpferisch bin und geliebt werde und daß ein Verlust mir nicht schadet. Wegen einer verlorenen Puppe zu weinen ist etwas anderes, als einen Teil von sich selbst zu verlieren – aber Sie wären erstaunt, wie viele Kinder diese einfache Wahrheit nicht kennen, weil ihre Eltern sie nicht darauf hingewiesen haben.

Auf diese Weise wird die ganze Angelegenheit von Verlieren und Gewinnen gleichzeitig behandelt. Unzählige Menschen sind mit der Vorstellung großgeworden, daß alle ihre Probleme gelöst wären, wenn sie erst einmal eine genügende Menge von etwas hätten – Geld, Ruhm, Status und so weiter. Aber Gewinn und Verlust erscheinen immer in Zyklen. Das gilt letztlich auch für Leben und Tod, die im ewigen Kreislauf von Geburt und Wiedergeburt aufeinanderfolgen.

Die Haltung des inneren Abstands ermöglicht es einem Menschen, sich weder durch Gewinn noch durch Verlust aus dem Gleichgewicht bringen zu lassen. Das höhere Selbst wird von beidem nicht betroffen, es ist immer im Zustand der Erfüllung. Aus seiner Quelle erhält es stets das Maß an Liebe und Glück, das es zu seiner Zufriedenheit braucht. Das müssen Sie Ihren Kindern sagen, wobei Sie betonen sollten, daß uns diese Quelle von Liebe und Glück jederzeit zur Verfügung steht. Auf der spirituellen Reise wird deutlich, daß wir uns auf das höhere Selbst viel mehr verlassen können als auf das Ego.

Gedanken zum Gesetz des Loslassens

Mit innerem Abstand haben wir ein leidenschaftliches Verhältnis zu unserer Arbeit, aber ein leidenschaftsloses zu ihren Ergebnissen.

Jede Bezeichnung oder jedes Etikett, mit dem Sie sich identifizieren, ist falsch – das wahre Ich hat keine Grenzen und keinen Namen. Es befindet sich jenseits aller Schablonen.

Der Schlüssel zum Erfolg ist das Vertrauen in uns selbst, nicht in das, was wir erreicht haben.

Begib dich in die Hand des Universums – und du wirst kein Bedürfnis mehr haben, die Dinge zu kontrollieren.

Sich selbst anzunehmen führt zum Erfolg, andersherum geht es nicht.

Siebtes Gesetz

Samstag – der Tag des »Dharma«

Heute sagen wir unseren Kindern:
»Es gibt einen Grund dafür, daß du hier bist.«

Gemeinsam mit unseren Kindern wollen wir uns als Eltern an diesem Tag mit folgenden Dingen beschäftigen:

1. Wir fragen sie: »Wo bist du jetzt im Moment?«

2. Wir fördern ihre einzigartigen Talente und Fähigkeiten.

3. Wir fordern sie zu einem Akt des Dienens auf.

Das Leben eines jeden Menschen
ist ein Märchen,
das Gottes Finger aufgeschrieben haben.
HANS CHRISTIAN ANDERSEN

»Dharma« ist ein Wort aus dem Sanskrit, das mehrere Bedeutungen hat: Pflicht, Zweck und Gesetz. In einem bestimmten Sinn ist der Tag des Dharma der Tag des Gesetzes an sich, an dem sich eine den geistigen Gesetzen gewidmete Woche erfüllt. An diesem Tag denken wir darüber nach, in welchem Maß wir den spirituellen Regeln gefolgt sind und wie gut unsere Existenz tatsächlich auf die Harmonie des Universums eingestimmt ist.

Heute sagen wir unseren Kindern: »Dein Dasein hat einen Grund.« Das geistige Gesetz soll uns dienen, während wir ihm dienen. Es dient uns, indem es uns vor Augen führt, daß dauerhaftes Glück und beständige Erfüllung möglich, ja, sogar unvermeidlich sind. Hinter jedem Ereignis, jeder Tat und jedem Gedanken gibt es einen verborgenen Sinn, der auf unsere Evolution hinarbeitet. Unser höchstes Lebensziel besteht darin, diesen Sinn zu entdecken und im Einklang mit ihm zu leben.

Am heutigen Tag messen wir unseren Erfolg daran,

wie erfüllt die vergangene Woche war, wieviel Unbeschwertheit und wie viele Chancen sie uns gebracht hat und was wir an Inspiration und neuen Einsichten dazugewonnen haben. Anschließend stellen wir uns diese Fragen im Hinblick auf unsere Kinder. Die Überzeugung, daß das Leben ungerecht sei, scheint nur deshalb begründet, weil wir dem lieblosen Verhalten anderer Leute ausgesetzt sind, die nicht immer die hohen Ebenen der Bewußtheit mit uns teilen können, die der Geist wachzurufen versucht.

Der Sinn kann nur wirksam werden, wenn wir dafür empfänglich sind. Durch unsere Bewußtheit können wir das erreichen, was der Kosmos mit uns beabsichtigt hat.

In Ihrer Familie können Sie die Ansicht stärken, das Leben sei immer fair. Dafür sorgt das Dharma durch die Kraft des geistigen Gesetzes. Wenn jemand behauptet, das Leben sei ungerecht, meint er, daß es zufällig, sinnlos und gefährlich sei – mit anderen Worten: ohne geistiges Gesetz. Am heutigen Tag können Sie allen derartigen Einwänden entgegentreten und aufzeigen, wie fair und gerecht das Leben in Wirklichkeit ist. Seine Fairneß zeigt sich in dem freien Willen, der uns zugestanden wurde, damit wir jedes Fünkchen unserer Schöpferkraft ausleben können.

Im Mittelpunkt der drei Aktivitäten für den Samstag steht der Sinn des Lebens, so wie er sich für ein Kind darstellt. Fragen Sie jedes Ihrer Kinder: »Wo stehst du jetzt?«, unterstützen Sie jedes einzelne Kind in seiner Einmaligkeit, und bitten Sie die Kinder, einen Akt des Dienens zu vollziehen.

1. *Der Daseinszweck*

Mit der Frage »Wo stehst du jetzt?« können Sie die Ansichten Ihrer Kinder über ihren Daseinszweck und ihre Fortschritte erfahren. Das Dharma eines Menschen ist sein Weg, der auf eine Reihe von Einzelkomponenten übertragbar ist:

- Wohin ich zu gehen glaube. – Das ist meine Vision.
- Wie ich dort hingelangen will. – Das ist meine Aufgabe auf dem Weg.
- Wie weit ich meiner Einschätzung nach gekommen bin. – Das ist der Stand meines Bewußtseins.
- Was mich meiner Meinung nach aufhält. – Das ist meine unmittelbare Herausforderung oder Lektion.

Um sich zu vervollständigen, muß das Dharma all diese Komponenten enthalten. Eine Vision ohne die Möglichkeit, den Pfad zu gehen, ist nur ein Hirngespinst. Harte Arbeit und deren Früchte sind ohne eine Vision vergeudetes Talent. Man muß nicht täglich alle genannten Punkte in Worte fassen. Zum Beispiel macht sich die Vision selbst zum Zeitpunkt des Aufbruchs meist am stärksten geltend, um allmählich der Arbeit zu weichen und den Hindernissen, die sich bei der Verwirklichung der Vision ergeben.

Gleichwohl ist es gut, wenn Ihre Kinder lernen, bewußt auf ihren Weg zu achten. Ganz kleine Kinder haben einen instinktiven Daseinszweck – glücklich zu sein. Aber sobald ein Kind alt genug ist, sich Ziele zu setzen – mit fünf oder sechs –, wird es notwendig, die Fortschritte auf dem Weg zum Ziel zu bestimmen. »Wie geht es dir? Wie läuft alles? Kommst du mit deinem Vorhaben voran? Wenn nicht, weshalb?« Mit solchen und ähnlichen Fragen können Eltern ihren Kindern helfen, die enge Verknüpfung mit dem Sinn ihres Lebens jeden Tag zu spüren.

Sie können dieses Thema auch ausweiten mit der Frage »Wo stehen wir als Familie?« Viele Familien dürften allerdings vor einer solchen Frage zurückschrecken, weil es nicht genügend Offenheit und Intimität gibt und weil das Vertrauen auf ehrliche Antworten fehlt. Oder vielleicht auch, weil die Eltern zu sehr den Eindruck erwecken, sie hätten alle Antworten parat.

Von klein auf müssen Sie Ihren Kindern zu verstehen geben, daß ihre Gefühle und Ansichten in

Familiendingen willkommen sind. Ebenso muß man ihnen von Anfang an ehrlich sagen, wenn sich ihre Wünsche nicht erfüllen lassen. Viele Wünsche gehen nicht in Erfüllung, zumindest nicht sofort. Enttäuschung, Entmutigung und Frustration sind spirituelle Realitäten, die auch Kindern nicht erspart bleiben sollten. Kein Weg ist ohne Hindernisse. Obwohl solche Hürden auf der Gefühlsebene negativ erlebt werden, lehrt uns das Gesetz des Dharma, daß in jedem Hemmnis auch irgend etwas Gutes steckt. Dharma ist eine umfassende Gesetzmäßigkeit, die uns dorthin stellt, wo unser Platz ist. Deshalb muß die abschließende Antwort auf die Frage »Wo stehst du im Augenblick?« lauten: »Genau da, wo ich hingehöre.«

Eine solche Antwort setzt ein starkes Selbstvertrauen voraus, und dieses Selbstvertrauen wollen wir bei unseren Kindern fördern. Als menschlichen Wesen fehlt uns die Weitsicht, um hinter jede Krümmung des Weges zu schauen. Es ist nicht die Art der Natur, die gesamte Aussicht zu eröffnen – Überraschungen und Ungewißheiten gehören nun einmal zum göttlichen Plan.

Kinder sind natürlich schnell frustriert, wenn die Dinge nicht wunschgemäß verlaufen. Geduld zu erlernen und sich mit der Vorstellung auszusöhnen, daß jeder Mensch genau dort steht, wo er hingehört, ist ein Prozeß, der ein ganzes Leben lang andauert.

2. *Talente und Fähigkeiten*

Wenn man einem Kind das Gefühl gibt, einzigartig zu sein, spürt es, daß es ganz besonders erwünscht ist. Eine Begabung zu besitzen ist eine Sache, eine andere ist zu spüren, daß der Kosmos diese Begabung willkommen heißt. Einzigartigkeit ohne Liebe ist unproduktiv und unterscheidet sich kaum von Einsamkeit. Heute können Sie sich einmal hinsetzen und die besonderen Talente jedes Kindes aufschreiben. Beteiligen Sie Ihre Kinder daran, damit sich ihnen die Vorstellung einprägt, daß unsere Begabungen Geschenke des Geistes sind, die zu unserem Glück und unserer Erfüllung beitragen sollen.

3. *Hilfsbereitschaft*

Regen Sie Ihre Kinder dazu an, jemand anderem eine nette Aufmerksamkeit zu erweisen, so unscheinbar die Geste auch sein mag. Beim Spazierengehen Müll aufzuheben, einem älteren Menschen die Tür aufzuhalten, jüngeren Geschwistern beim Aufräumen des Kinderzimmers zu helfen – das ist nicht weniger wertvoll als wohltätige Werke. Es kommt darauf an, die innere Bedeutung einer solchen Geste zu verdeutlichen. Jemand anderem zu helfen verschafft einem eine Art von gutem Gefühl, das nicht entsteht, wenn man etwas nur für sich selbst tut. Das ist der Kern der Botschaft, die Sie weitergeben wollen. Es geht nicht nur darum, daß Hilfsbereitschaft eine Tugend ist, die einen in den Augen der anderen gut aussehen läßt (was bei Erwachsenen allzu oft im Hintergrund steht).

Anderen zu dienen paßt genau zu der Vorstellung, daß Einzigartigkeit überall zu finden ist. Wenn wir anderen dienen, haben wir die Möglichkeit, den Wert dieser Menschen zu erkennen. Hilfsbereitschaft ist der unmittelbare Ausdruck dieser Wertschätzung. Wenn man ein Kind dazu veranlaßt, jüngeren Geschwistern oder Freunden eine Gefälligkeit zu erweisen, spürt es unmittelbar die Besonderheit des Freundes, der Schwester oder des Bruders. Auf diese Weise wird Einzigartigkeit schließlich als eine Eigenschaft anerkannt, die alle Menschen besitzen.

Der Dienst an den Mitmenschen erinnert uns an unsere Pflichten als liebende Kinder des Allmächtigen. »Pflicht« ist gleichbedeutend mit Dharma, und dieses Wort umfaßt unsere Pflichten gegenüber der Gesellschaft, uns selbst und Gott. Unsere Pflicht gegenüber der Gesellschaft besteht im Dienst an den Mitmenschen, die Pflicht uns selbst gegenüber ist die geistige Entfaltung und die Pflicht gegenüber Gott die Teilnahme am göttlichen Plan zur Höherentwicklung der Menschheit.

Als Eltern bringen wir unseren Kindern keine verbindlichen Regeln bei, die eingehalten werden müssen. Wir laden sie ein, an unserer eigenen Reise zum Sinn des Daseins teilzunehmen, die niemals endet.

Es ist eine Reise, auf der sich der Sinn unentwegt entfaltet. Auch wenn die Kinder noch nicht ganz verstehen können, was das wörtlich bedeutet, spüren sie doch genau, ob wir unser Leben aufregend und wunderbar finden. Unser Gefühl für den kosmischen Sinn unseres Daseins drückt sich viel deutlicher aus, als Worte es jemals könnten.

Gedanken zum Gesetz des »Dharma«

Ein sinnerfülltes Leben
enthüllt den Sinn des Lebens.

Wir können uns niemals im Schicksal täuschen.
Ob wir erfolgreich sind oder nicht,
es erweist sich immer als richtig.

Der Kosmos hat einen Sinn –
die Kreativität und das Glück der Menschen
zu entfalten.

Richten Sie nicht über Ihr Leben.
Jedes Leben ist ein Schritt hin zum Einswerden
mit Gott.

Bemühen Sie sich nicht verzweifelt darum,
herauszufinden, warum Sie hier sind –
Schauen Sie einfach nur genauer hin.

UNSCHULD – DIE QUELLE DER LIEBE

Es gibt etwas, ohne das Eltern nicht auskommen können. Die meisten Leute würden wahrscheinlich automatisch »die Liebe« nennen, und das ist sicher richtig. Aber dann muß man eine tiefergehende Frage stellen: »Woher kommt die Liebe?« Das Band der Liebe allein reicht nicht aus, denn es nützt sich ab, und manchmal reißt es sogar. Wir alle ziehen unsere Kinder im Namen dessen, was wir Liebe nennen, groß – und dennoch haben junge Menschen heutzutage furchtbare Probleme.

Es gibt etwas, das tiefer reicht als die Liebe und auf das es entscheidend ankommt, nämlich die *Unschuld*. Unschuld ist die Quelle der Liebe. Unschuld – wie ich sie hier verstehe – bedeutet nicht Naivität, ganz im Gegenteil. Unschuld ist Offenheit. Sie beruht auf einem tiefen spirituellen Verständnis einiger wichtiger Dinge.

Unschuld ist das Wissen, daß wir die Kinder zwar führen, aber niemals kontrollieren können. Wir müssen für die Persönlichkeit eines jeden Kindes offen sein, eine Persönlichkeit, die sich notwendigerweise von uns unterscheidet. Im Geist der Unschuld können wir diese Tatsache friedvollen Herzens akzeptieren.

Unschuld ist das Wissen, daß nichts im Leben gewiß ist. Ihre Kinder werden unweigerlich Richtungen einschlagen, die Sie nicht vorhergesehen haben, Dinge tun, die Sie selbst niemals tun würden. Die Ungewißheit ist eine unabänderliche Tatsache, weil Leben nichts anderes ist als Wandel. Aus der Unschuld heraus kann man auch das akzeptieren – Sie werden das Bedürfnis ablegen, von Ihren Kindern zu verlangen, daß sie sich nach Ihren vorgefaßten Meinungen richten.

Unschuld ist das Wissen, daß die Liebe tief unter die Oberfläche der Ereignisse reicht. Oberflächlich betrachtet ist der Entwicklungsweg eines Kindes unberechenbar und schwierig. Wir alle möchten unsern Kindern besonders jene Lektionen beibringen, die wir selbst als die schwersten empfunden haben – wir möchten sie vor überflüssigem Schmerz bewahren. Aber aus der Unschuld heraus erkennen wir, daß die Oberfläche des Lebens von der tiefergehenden Reise ablenkt, die jeder Mensch antreten muß. Es ist die Reise der seelischen Entwicklung. Die Seele entwickelt sich unter dem wachsamen Auge des Geistes. Wir können unseren Kindern helfen, die grundlegende Bedeutung ihrer Seele zu erkennen, aber für ihre Reise verantwortlich sind wir nicht. Das ist eine

Vereinbarung, die jeder Mensch mit seinem höheren Selbst zu treffen hat.

Wenn ich alle diese Punkte in einem einzigen Satz zusammenfassen sollte, würde er lauten:

Unschuld ist das Wissen, daß unser Kind uns gehört und doch nicht gehört.

Jeder ist letzten Endes ein Kind des Geistes. Wir sind alle als Mitglieder einer Familie groß geworden, doch das ist eine sehr lockere Art der Zugehörigkeit. Wir gehören in erster Linie uns selbst, was heißen soll: unserem Geist oder unserer Seele oder unserem Wesen.

Ein Kind mit echter Liebe zu betrachten bedeutet daher, diesen Funken des Göttlichen in ihm zu erkennen. Es läßt sich leicht sagen, daß jedes Kind einmalig und wertvoll ist. Zu einer wirklichen Wahrheit wird dieser Satz jedoch erst durch die Unschuld, erst dadurch, daß wir das Kind als eine Seele erkennen können, die auf der Reise zu sich selbst ist. Das bedeutet für uns als Eltern, daß wir uns von einigen tief verwurzelten Verhaltensmustern trennen müssen.

Eltern sind gewohnt, Autoritätspersonen darzustellen. Als solche stehen wir über unseren Kindern und jenseits von ihnen – wir sind klüger, mächtiger und erfahrener als sie, wir haben Geld und Besitz zu unserer Verfügung. Aus dieser Position der Autorität können Eltern Urteile verkünden, Strafen verhängen,

Regeln für falsch und richtig aufstellen – alles im ungetrübten Bewußtsein der Pflichterfüllung und der Zweckmäßigkeit.

In diesem Buch habe ich ein anderes Bild von Pflichten und Zielen gezeichnet. Aus dieser neuen Perspektive sind Eltern keine Autoritäten. Eltern und Kinder sind Seelen, Seelen auf der Reise zu sich selbst. Ein Unterschied besteht lediglich in der Rolle, die uns zugefallen ist. Seelen sind unsterblich. Sie können weder geschaffen noch zerstört werden. Aber wir legen uns Rollen zu, die wir eine gewisse Zeitlang spielen.

Sie können für Ihre Seele nichts Besseres tun, als Ihre Elternrolle mit aller Liebe, Überzeugung und Zielstrebigkeit wahrzunehmen.

Sie haben sich die Elternrolle letzten Endes aus eigennützigen Gründen ausgesucht – im besten spirituellen Sinn des Wortes, denn diese Rolle ist erfreulicher und inspirierender als jede andere. Das gleiche gilt für Ihr Kind. Als allwissende, unsterbliche Seele hat sich Ihr Kind entschlossen, ein schwaches und verletzliches kleines Wesen zu sein, das völlig von Ihrer Hilfe abhängig ist. Darin besteht die Rolle des Kindes, und es spielt sie mit vollkommener Überzeugung und Hingabe. Aber wenn man den Rollenaspekt beiseite läßt, sind beide, Sie und Ihr Kind, zwei in einer Seele vereinte gleiche Seelen. Die Unschuld ermöglicht es Ihnen, das zu erkennen. Sie läßt Sie in der Rolle bleiben und gleichzeitig über ihre Grenzen hinausgehen.

Es mag Leute geben, die mit diesen ganzen Vorstellungen nichts anfangen können. Aber ich glaube, alle Eltern erinnern sich an Momente, in denen der Blick ihres Kindes eine Geschichte von unendlicher Weisheit erzählte, von Erfahrungen, die weit über Raum und Zeit dieses speziellen Augenblicks hinausgingen. Ich habe das bei meinen eigenen Kindern erlebt. Ich habe sie ins Bett gebracht, ihnen Geschichten vorgelesen, mit ihnen Ball gespielt und stolz im Publikum gesessen, wenn ihr Kinderballett eine Aufführung hatte. Während ich all das tat, war ich immer der Papa, und sie waren die Kinder.

Aber es gab auch andere, seltenere Momente, in denen die ganze Fassade in sich zusammenfiel. Einmal fing ich einen Blick meines Sohnes auf, der besagte: »Da wären wir wieder. Was für ein interessantes Spielchen wir wieder spielen.« Am Gesicht meiner Tochter konnte ich ablesen, daß sie kurz davor war, in großes Gelächter über den Mummenschanz auszubrechen, den wir Eltern unserer Rolle zuliebe aufführten.

In diesen kostbaren Augenblicken spürte ich das Band der Unschuld, das stärker ist als die Liebe, weil es die Liebe durchdringt und über sie hinausgeht. Eine Familie ist mehr als ein privater Verein mit seinen privaten Triumphen und Fehlschlägen – sie ist eine Gemeinschaft der Seelen. Unsere Gemeinsamkeit besteht aus mehr als dem Wohnort, der Schule, die wir besuchen, und der Art unseres Broterwerbs. Wir segeln gemeinsam über den Ozean der Unsterblichkeit – das ist das eigentliche Band zwischen uns. Wenn Sie über Ihr Rollenspiel hinausblicken und dennoch gleichzeitig Ihre Rolle mit Liebe und Hingabe wahrnehmen können, dann, so glaube ich, haben Sie in der Tat eine spirituelle Einstellung zu Ihrem Elternsein gewonnen.

Die sieben geistigen Gesetze sind nichts anderes als Wege, die das möglich machen. Sie zeigen uns, wie wir unsere Unschuld erhalten können. Es gibt in dieser Welt so vieles, was die Unschuld zerstören kann, und herzlich wenig, was ihr Fließen aufrechterhält. Ich betrachte das geistige Gesetz nicht als etwas Beliebiges – es sagt aus, wie sich der Kosmos vom absoluten nichtmanifesten Sein bis zur unendlichen Vielfalt der Welt der Schöpfung entfaltet. Wenn Sie im Einklang mit den geistigen Gesetzen leben, befinden Sie sich auch in Harmonie mit der grenzenlosen Intelligenz des Seins. Was wir als Eltern unseren Kindern vermitteln, unterscheidet sich nicht von dem, was wir uns selbst beibringen müssen.

Sorgen Sie dafür, daß die Unschuld nicht versiegt. Nur darauf kommt es an.